3일 뒤
외국인을
만납니다

3일 뒤 외국인을 만납니다

초판 1쇄 펴냄 2014년 5월 23일

지은이 GSE 이경빈이
펴낸이 고영은 박미숙

편집이사 인영아 ㅣ 편집장 이준희 ㅣ 책임편집 김영은
뜨인돌 기획팀 박경수 강은하 김현정 김영은 장은선 홍신혜
뜨인돌어린이기획팀 이경화 여은영 ㅣ 디자인실 김세라 오경화
마케팅팀 이학수 오상욱 진영수 ㅣ 총무팀 김용만

본문디자인 장선숙

펴낸곳 DSL ㅣ 출판등록 1994.10.11(제2011-000185호)
주소 121-896 서울시 마포구 서교동 성미산로 6길 45
홈페이지 www.ddstone.com ㅣ 블로그 blog.naver.com/ddstone1994
대표전화 02-337-5252 ㅣ 팩스 02-337-5868

ISBN 978-89-5807-521-9 13740
(CIP 제어번호 : CIP2014015124)

DSL은 뜨인돌출판(주)의 어학 전문 브랜드입니다.

당장 영어가 필요한 당신을 위한
벼락치기 영어회화

3일 뒤 외국인을 만납니다

GSE 기획
이경빈이 영어

DSL

심장이 두근거리기 시작한다 식은땀이 난다

혹시 외국인을 만날 생각만 하면 위와 같은 증상이 나타나지 않나요?

초등학교, 중학교, 고등학교, 대학교를 거치며 영어 교육을 받았고

토익 등의 점수를 위해 혼자서도 나름 영어를 공부하긴 했지만

막상 외국인과 대화할 생각을 하면 막막하죠.

그런데 뜻밖에도 평상시에 영어를 써야 할 경우가 종종 생깁니다.

외국인이 참석하는 모임에 나갈 수도 있고,

외국인에게 길을 가르쳐 줘야 할 때도 있고(가장 흔한 경우죠),

직장에 외국인 손님이 찾아올 수도 있고,

내가 영어로 전화 걸 일이 생기거나 영어 전화를 받을 수도 있습니다.

언제나 영어를 써야 할 순간은 벼락처럼 갑작스럽게 다가옵니다.

영어를 써야 할 순간이 닥치면 진작에 영어 공부 좀 해 둘걸 하는

뼈저린 후회만이 가득하게 되죠. 막막함에 발을 동동 구르다가 결국,

"우리나라 영어 교육은 너무 비효율적이야. 그런 교육을 받은 내가

어떻게 영어 말하기를 잘할 수 있겠어?"

머릿속에서 의미 없는 단어들이 뒤엉킨다
한없이 부끄러워진다

이런 핑계를 대며 자기 합리화에 이르게 됩니다.

결국 영어를 써야 할 순간을 어떻게든 피해 보려 애쓰죠.

이 책의 대화문들은 이렇게 실전 영어가 당장 필요한 당신을 위해

구성되었습니다. 우리가 영어를 해야 하는 상황 안에서

외국인과 나눠야 하는, 혹은 나눌 수 있는 대화거리들을 수록했거든요.

뿐만 아니라 대화를 좀 더 길게 이어갈 수 있는 small talk 표현들도

풍부하게 담았습니다. 이미 친한 외국인들이 아닌,

처음 만나는 외국인들과 어떤 대화를 나눠야 할지 알려 주는 거죠.

영어를 준비할 수 있는 시간이 단 3일밖에 없더라도, 혹은 하루나 이틀밖에

없더라도 문제없습니다. 상황에 맞춰 topic 두 개 정도만 연습해 가면

외국인과 바로 대화를 시작할 수 있으니까요. 한두 번 대화가 통하게 되면

영어 말하기에 자신감이 생기게 됩니다.

일단 외국인과 대화를 시작해 보면 깨닫게 될지도 몰라요. 당신은

당신의 생각보다 영어를 더 잘한다는 걸. 그러니 일단 시작하는 게 중요합니다.

3일 뒤

당신이 맞닥뜨릴

긴급 상황

당신이 맞닥뜨릴

3일 뒤

당신이 맞닥뜨릴
긴급 상황에 적용할 수 있는
스몰 토크

3일 뒤

외국인과 대화를
좀 더 길게 이어 가고 싶다면?
Situation에 어울리는 Small talk을
함께 연습하세요.

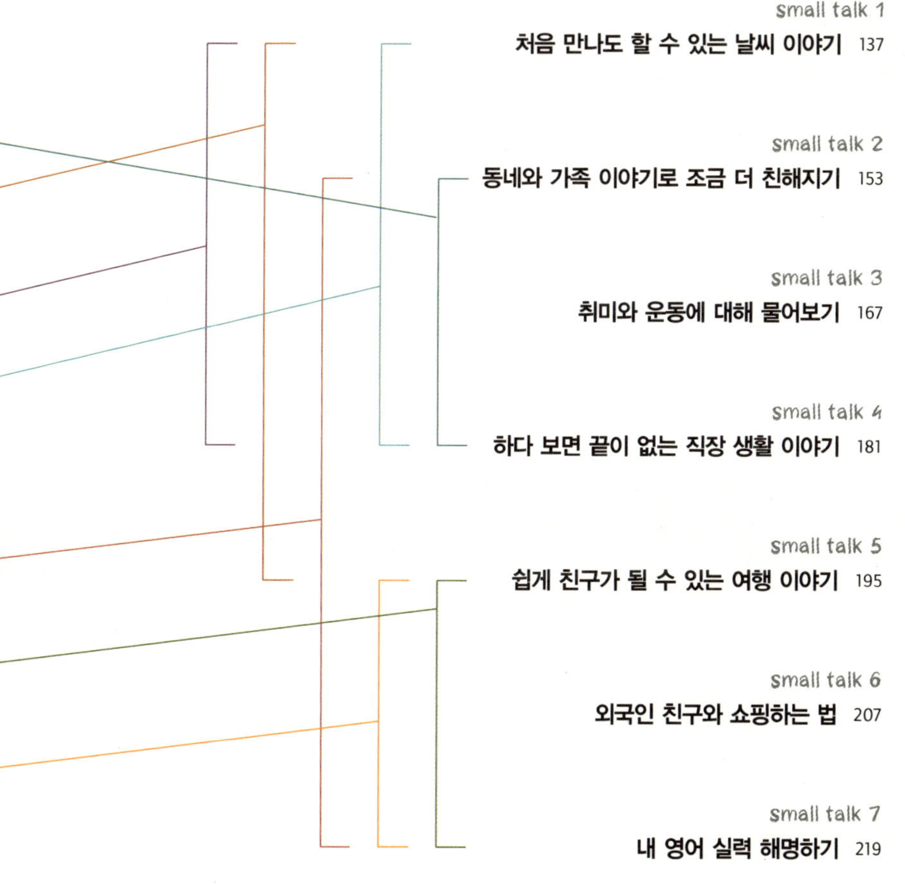

당장 맞닥뜨릴
긴급 상황 위주로 공부하세요

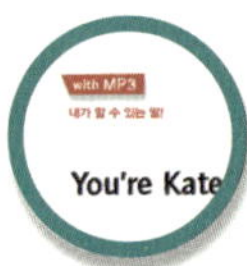

내가 할 수 있는 말을 눈으로 한번 읽어 보세요.
무슨 뜻인지 모르겠다고요?
그러면 **세 번 이상** 읽어 보세요.
무슨 뜻인지 너무 쉽게 알겠다고요?
그래도 **최소 세 번은 읽어** 보세요.

외국인과의 용감한 대화를
눈으로 한번 읽어 보세요.
무슨 뜻인지 모르겠다고요?
그럼 **hint**를 보세요.

hint에서는 조금 어려운 단어와 숙어의
뜻을 풀이했습니다.
대화에 나오는 영어 표현의 완벽한 이해를 위해서
우리말 뜻을 참고해 주세요.

영어 표현의 뜻을 다 이해한 뒤
외국인과의 용감한 대화를
세 번 이상 읽어 보세요.

무료 MP3를 다운받으세요. www.ddstone.com

네이티브 스피커가 **내가 할 수 있는 말**을
느리게 한 번, 일상 속도로 한 번 들려줍니다.
읽었던 텍스트를 떠올리며 들어 보세요.
그다음에 일상 속도로 한 번 더 듣고 따라서 말하는 연습을 해 보세요.
완벽하게 문장을 다 따라하지 못했다고 해서 좌절하지 마세요.
처음엔 다 그런 거니까요.

네이티브 스피커가 **외국인과의 용감한 대화**를
일상 속도로 들려줍니다. 역시 읽었던 텍스트를 떠올리며 들어 보세요.
실제로 외국인과 얘기한다고 생각하고 ❶가 되어
네이티브 스피커와 대화를 나눠 보세요.
더듬거려도 괜찮습니다. 일단 입 밖으로 소리를 내는 게 중요해요.

책을 펼치세요. **내가 할 수 있는 말**에서 본문을 보고 느리게 한 번, 일상 속도로 한 번
들려주는 **MP3를 들으며 함께 말해 보세요.**
그다음에 일상 속도로 한 번 더 듣고 따라할 때는 책을 보지 않고 문장을 완전하게
따라할 수 있도록 합니다. 문장을 완전하게 따라할 수 있을 때까지
내가 할 수 있는 말의 MP3를 들으며 말하기를 **반복**합니다.

외국인과의 용감한 대화의 본문을 보고 ❶의 대화 부분을 **MP3를 들으며**
함께 말해 보세요. 실제로 외국인과 얘기한다고 생각하고 ❶가 되어 말해 보세요.
문장을 완전하게 말할 수 있을 때까지
외국인과의 용감한 대화의 MP3를 들으며 말하기를 **반복**합니다.

❶의 영어 문장을 다 익혔다면 외국인의 영어 문장도 외워 보세요.
외국인과의 용감한 대화에서 ❶가 되는 대신 ❶가 되어 대화 부분을
따라해 보세요.

3일 뒤

당신이 맞닥뜨릴 긴급 상황

외국인과 함께하는 모임에 나가야 한다

3일 뒤에 동아리 모임이 있어요. 모임에 참석할지 말지 고민이에요.
내 친구가 외국인 친구를 데려온다고 했기 때문이죠. 부러워요.
영어 잘해서 외국인 친구도 있고. 그런데 모임 중에 외국인 친구와
인사도 나누고 이야기도 좀 해야 할 텐데 어쩌죠?
진땀 뻘뻘 흘리며 버벅대는 내 모습이 그려져요. 정말 숨어 버리고
싶어요. 하지만 안 갈 수도 없어요. 내가 총무거든요.

서울 성북동 K씨(대학생, 25세)

처음 만날 때 'I'm glad to meet you'는 너무 뻔하다고요? 하지만 막상 입 밖으로 꺼내려면 힘들죠. 외국인을 만나면 반사적으로 이 말이 나오도록 연습해 봐요.

내가 할 수 있는 말!

You're Kate, right?

I am so glad that I got to meet you.

He told me a lot about you.

How do you like the party?

Let me introduce you to some of my friends.

As I heard, you're really easygoing!

hint
How do you like ~? ~는 어때?　**a lot** 많이　**have fun** 재미있게 지내다　**introduce** 소개하다, 발표하다
actually 사실은, 실제로　**easygoing** 느긋한, 원만한

Ⓘ 당신이 케이트죠? 만나서 정말 반가워요. 내 이름은 선호예요. 민호의 친구죠. 민호한테 당신 얘기 많이 들었어요.
Ⓕ 나도 만나서 반가워요.　**Ⓘ** 모임은 어때요?　**Ⓕ** 재미있게 즐기고 있어요.　**Ⓘ** 제 친구들 좀 소개해 줄까요?
Ⓕ 사실 여기 있는 모든 사람들을 만났어요. 당신이 마지막 사람이에요.　**Ⓘ** 듣던 대로 정말 친화력이 좋군요.

with MP3

외국인과의 용감한 대화

Ⓘ You're Kate, right?
I am so glad that I got to meet you.
My name is Sunho. I am Minho's friend.
He told me a lot about you.

Ⓕ I am glad to meet you too!

Ⓘ How do you like the party?

Ⓕ I am having a lot of fun.

Ⓘ Let me introduce you to some of my friends.

Ⓕ Actually, I've already met everybody here.
You were the last person I hadn't met!

Ⓘ As I heard, you're really easygoing!

딱히 할 말이 없을 때 외국인에게 한국에 온 이유를 물어보도록 해요. 한국에서 뭐 하고 있는지, 혹시 학생이라면 공부하는 건 어떤지 물어볼까요?

내가 할 수 있는 말!

What are you doing in Korea?

Why did you decide to come to Korea?

How do you like studying in Korea?

I am studying business management.

Even though I am studying in my own language, business management is still very hard.

Ⓘ 한국에서 뭘 하고 계세요?　Ⓕ 저는 교환학생으로 왔어요.

Ⓘ 왜 한국에 오기로 결심했나요?　Ⓕ 저는 K-pop을 좋아하거든요. 그래서 문화를 배우러 한국에 오고 싶었어요.

Ⓘ 한국에서 공부하는 건 어때요?

Ⓕ 한국어를 잘하지 못해서 좀 어려워요. 그래서 한국어를 열심히 공부하고 있어요. 당신은 어때요? 뭘 공부해요?

Ⓘ 나는 경영학을 공부하고 있어요. 모국어로 공부해도 경영학은 정말 어렵죠.

with MP3

외국인과의 용감한 대화

Ⓘ **What are you doing** in Korea?

Ⓕ I am an **exchange student.**

Ⓘ Why did you **decide** to come to Korea?

Ⓕ I really like K-pop, and I wanted to come to Korea to learn the culture.

Ⓘ How do you like studying in Korea?

Ⓕ It's a little difficult because my Korean is not so good.
I'm trying really hard to learn Korean.
How about you? What are you studying?

Ⓘ I'm studying **business management.**
Even though I'm studying in my **own language,** business management is still very hard.

공통적으로 아는 사람이 있으면 대화를 쉽게 이어 나갈 수 있어요. 어떻게 만났는지, 만난 지 얼마나 됐는지 묻고 대답해 봐요.

내가 할 수 있는 말!

How did you meet Minho?

Do you have the same class with Minho?

Do you have many other Korean friends?

Minho and I went to the same middle school.

We have known each other for about seven years.

Ⓘ 민호를 어떻게 만났어요? 민호와 같은 수업을 듣나요?
Ⓕ 학교에 있는 글로벌 라운지에서 만났어요. 민호와 저는 수업도 같이 들어요. 민호가 저를 많이 도와주죠.
Ⓘ 다른 한국인 친구들도 많이 있어요?
Ⓕ 글로벌 라운지에서 많은 사람들을 만났어요. 그런데 당신은 민호와 안 지 얼마나 오래됐나요?
Ⓘ 민호와 저는 같은 중학교에 다녔어요. 서로 안 지 거의 7년이 됐네요.   Ⓕ 와, 대단한데요.

외국인과의 용감한 대화

Ⓘ **How did you meet Minho?**
Do you have the same class with Minho?

Ⓕ **I met Minho in the Global Lounge at school.**
Minho and I also have a class together.
Minho really helps me a lot.

Ⓘ **Do you have many other Korean friends?**

Ⓕ **I met many people in the Global Lounge.**
So, how long have you known Minho?

Ⓘ **Minho and I went to the same middle school.**
We have known each other for about seven years.

Ⓕ **Wow, that's really great!**

한국에 앞으로 얼마나 오래 있을 것인지 물어보는 것은 처음 보는 사이에도 가능해요.
집이 그립지는 않은지, 한국에서 지낼 때 뭐가 어려운지 물어볼까요?

내가 할 수 있는 말!

How long have you been in Korea?

It hasn't been that long.

How long will you be in Korea?

You still have some time left.

What is the most difficult thing about living in Korea?

I understand what that feels like.

ⓘ 한국에 얼마나 오래 있었어요?   ⓕ 거의 3개월 있었어요.
ⓘ 얼마 안 됐군요. 앞으로 얼마나 더 한국에 있을 거예요?   ⓕ 7개월 더 있을 거예요.
ⓘ 아직 시간이 좀 남아 있네요. 한국에 살면서 제일 힘든 게 뭐예요?   ⓕ 가끔 향수병에 걸려요. 가족이 그리워요.
ⓘ 뭔지 이해하겠어요. 가족이 그리울 땐 어떻게 하나요?   ⓕ 가족한테 전화를 걸어서 얘기해요.

with MP3

외국인과의 용감한 대화

ⓘ How long have you been in Korea?

ⓕ I have been here for almost three months.

ⓘ It hasn't been that long.
How long will you be in Korea?

ⓕ I will be here for another seven months.

ⓘ You still have some time left.
What is the most difficult thing about living in Korea?

ⓕ I do get **homesick** sometimes. I **miss** my family.

ⓘ I understand what that feels like.
What do you do when you miss your family?

ⓕ I call them, and we just talk **for a while**.

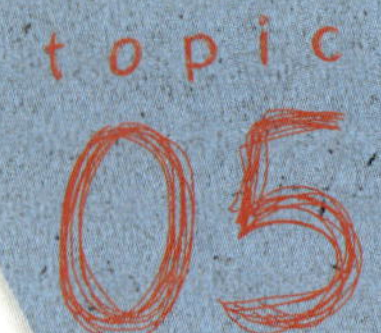

한국에 오랜 기간 머무는 외국인을 위해 여행 장소를 추천해 주면 어떨까요?
조금 특별한 곳인 강릉을 한번 추천해 보세요.

내가 할 수 있는 말!

What would you like to do before you go back home?

You can make many memories through traveling.

Are there any specific places that you want to visit?

I think you may like Gangneung.

There is a very famous beach called Kyungpodae.

ⓘ 돌아가기 전에 뭘 하고 싶어요?
Ⓕ 할 수 있는 한 한국에서 최대한 많은 곳에 가 볼 거예요. 서울도 구석구석 가 보려고 해요.
ⓘ 여행을 통해서 많은 추억을 만들 수 있을 거예요. 특별히 가고 싶은 곳이 있나요?
Ⓕ 음, 아직 모르겠어요. 추천할 만한 곳이 있나요?
ⓘ 강릉에 가 보면 좋을 것 같아요. 경포대라는 유명한 해변이 있어요. 그리고 커피 거리도 유명해요. 멋진 카페가 많이 있죠.

with MP3

외국인과의 용감한 대화

ⓘ   What **would** you **like to** do before you go back home?

Ⓕ   I am going to visit **as** many places in Korea **as I can**.
I want to try to visit **all over** Seoul too.

ⓘ   You can make many memories through traveling.
Are there any **specific** places that you want to visit?

Ⓕ   Hmmm... I am not sure.
Are there places that you can **recommend**?

ⓘ   I think you may like Gangneung.
There is a very famous beach called Kyungpodae.
Coffee **Alley** is really famous too!
There are many **neat** cafes.

외국인과 만날 기회를 자꾸 만들어야 해요. 처음에는 더듬거릴 테지만 자꾸 만나서
이야기하다 보면 영어가 금세 늘 거예요. 점심 약속을 잡아 볼까요?

내가 할 수 있는 말!

It was a pleasure to meet you today.

Do you want to have lunch with me
sometime?

I know a good restaurant near Hongdae.

I think you would like it.

Are you free next Wednesday for lunch?

See you next week.

ⓘ 오늘 만나서 정말 즐거웠어요. **Ⓕ** 저도 만나서 정말 즐거웠어요. **Ⓕ** 물론이죠. 좋아요.
ⓘ 언제 한번 저랑 점심 먹을래요? 제가 홍대 근처에 맛집을 알아요. 당신도 그곳을 좋아할 거예요.
ⓘ 다음 주 수요일에 같이 점심 먹는 거 어때요? **Ⓕ** 다음 주 수요일 좋아요.
ⓘ 그래요. 그럼 다음 주에 봐요. **Ⓕ** 다시 만나는 게 기대되네요.

with MP3

외국인과의 용감한 대화

ⓘ It was a **pleasure** to meet you today.

Ⓕ I enjoyed meeting you too.

ⓘ Do you want to have lunch with me sometime?
I know a good restaurant near Hongdae.
I think you would like it.

Ⓕ Sure, that would be great!

ⓘ Are you free next Wednesday for lunch?

Ⓕ Yes, next Wednesday is perfect!

ⓘ OK, see you next week.

Ⓕ I'm **looking forward to** seeing you again.

- 한국에서 뭘 하고 계세요?   · 왜 한국에 오기로 결심했나요?   · 한국에서 공부하는 건 어때요?
- 민호를 어떻게 만났어요?   · 앞으로 얼마나 더 한국에 있을 거예요?   · 가족이 그리울 땐 어떻게 하나요?
- 한국에 살면서 제일 힘든 게 뭐예요?   · 돌아가기 전에 뭘 하고 싶어요?
- 여행을 통해서 많은 추억을 만들 수 있을 거예요.   · 특별히 가고 싶은 곳이 있나요?
- 오늘 만나서 정말 즐거웠어요.   · 언제 한번 저랑 점심 먹을래요?

- What are you doing in Korea?

- Why did you decide to come to Korea?

- How do you like studying in Korea?

- How did you meet Minho?

- How long will you be in Korea?

- What do you do when you miss your family?

- What is the most difficult thing about living in Korea?

- What would you like to do before you go back?

- You can make many memories through traveling.

- Are there any specific places that you want to visit?

- It was a pleasure to meet you today.

- Do you want to have lunch with me sometime?

2 영어로 전화를 걸거나 받아야 한다

토익 800점을 훌쩍 넘기면 뭐 하나요? 외국에서 걸려 온 전화를
받기가 두려운데. 게다가 영어로 전화를 걸라고요? 맙소사!
보디랭귀지도 통하지 않는 전화 통화란 말이에요.
상대방이나 내가 계속 Pardon?만 외치는 모습이 그려져요.
통화 시작부터 마무리까지 전화로 하고 싶은 말을 핵심만
콕콕 집어 알려 주는 전화 영어 문장 어디 없을까요?

서울 여의도 L씨(직장인, 29세)

외국인의 전화를 받았을 때 당황하지 않도록 미리 대비를 해 두어야 할 거예요.
"Can you speak a little slower please?" 일단 이 문장부터 반복해서 연습해 봐요.

내가 할 수 있는 말!

Can you speak a little slower please?

Which Minho Kang are you looking for?

Could you please spell your name?

Could you tell me the name of your company again?

I will transfer you now.

Please hold.

- **F** 여보세요. 소프트텍의 루시 앤더슨입니다. 강민호 씨와 통화할 수 있을까요?　**I** 좀 더 천천히 말씀해 주시겠어요?
- **F** 강민호 씨와 통화할 수 있을까요?　**I** 어느 부서의 강민호 씨를 찾으십니까?
- **F** 영업부의 강민호 씨요.　**I** 당신 이름의 철자를 알려 주실래요? 회사 이름도 다시 한 번 말씀해 주세요. 지금 바꿔 드리겠습니다. 끊지 말고 계세요.

외국인과의 용감한 대화

F Hello, my name is Lucy Anderson, and I am calling from Softtec.
May I speak to Minho Kang please?

I Can you speak a little slower please?

F May I speak to Minho Kang?

I Which Minho Kang are you looking for?

F I would like to speak to Minho Kang in the marketing department.

I Could you please spell your name?
Could you tell me the name of your company again?
I will transfer you now. Please hold.

영어로 전화를 걸어야 할 일이 생겨도 너무 두려워하지 마세요. 일단 통화할 사람의 이름만 잘 알아 두면 돼요. 그리고 자세한 내용은 이메일로 주고받으면 되니까요.

내가 할 수 있는 말!

This is Sujin Lee of A company from Seoul.

May I speak to Lucy Anderson please?

When do you expect her back?

If it is OK to send her an email, would you let me know her email address?

Would you let her know that I will send her an email?

Ⓘ 여보세요. 저는 서울의 A 컴퍼니의 이수진입니다. 루시 앤더슨 씨와 통화할 수 있을까요?　Ⓕ 죄송하지만 지금 자리에 없습니다.

Ⓘ 언제 돌아오십니까?　Ⓕ 잘 모르겠습니다. 메시지를 남기시겠습니까?

Ⓘ 루시 앤더슨 씨한테 메일을 보내도 될까요? 이메일 주소를 알려 주실 수 있습니까?

Ⓕ 네. 루시 앤더슨 씨의 이메일 주소는 la1212@gmail.com입니다.

Ⓘ 감사합니다. 루시 앤더슨 씨에게 제가 메일 보낸다고 알려 주실 수 있나요?　Ⓕ 알겠습니다.

Ⓘ 시간 내 주셔서 감사합니다. 안녕히 계세요.

외국인과의 용감한 대화

Ⓘ **Hello. This is Sujin Lee of A company from Seoul. May I speak to Lucy Anderson please?**

Ⓕ **Sorry. She is **not at her seat** right now.**

Ⓘ **When do you **expect** her back?**

Ⓕ **I'm not sure. Would you like to **leave** a message?**

Ⓘ **If it's OK to send her an email, would you let me know her email address?**

Ⓕ **Yes. Her email address is la1212 **at** gmail **dot** com.**

Ⓘ **Thank you. Would you let her know that I will send her an email?**

Ⓕ **Sure.**

Ⓘ **OK, thanks for your time. Bye bye.**

help
me!

전화를 받았는데 외국인이 뭐라고 하는지 도통 못 알아듣겠다면 메일로 얘기해 달라고 제안해 보세요. 메일 주소를 정확하게 불러 주고 확인하는 표현을 연습해 봐요.

내가 할 수 있는 말!

I didn't catch what you just said.

I am not very good at English.

It might be easier if you sent me an email.

Let me give you my email address.

It's ze5252 at hanmail dot com.

It's "z" as in zoo and "e" as in egg.

ⓘ 무슨 말씀이신지 모르겠습니다. 영어를 잘하지 못해서요. 이메일로 말씀해 주시는 게 쉽겠네요. 제 이메일 주소를 알려 드리겠습니다.   Ⓕ 알겠습니다.
ⓘ ze5252@hanmail.com입니다.   Ⓕ 다시 한 번 말씀해 주실래요?
ⓘ zoo할 때 z, egg할 때 e, 그다음은 숫자로 5252예요.   Ⓕ 이메일 주소 확인할게요. ze5252@hanmail.com.
ⓘ 네, 맞습니다.

with MP3

외국인과의 용감한 대화

ⓘ I didn't catch what you just said.
I'm not very good at English.
It might be easier if you sent me an email.
Let me give you my email address.

Ⓕ OK.

ⓘ It's ze5252 at hanmail dot com.

Ⓕ Can you repeat that again?

ⓘ It's "z" as in zoo and "e" as in egg.
Then the numbers 5252.

Ⓕ Let me check the email address again.
ze5252 at hanmail dot com.

ⓘ Yes, that's correct.

전화를 받아야 할 사람이 출장, 또는 휴가 중으로 길게 자리를 비우고 있을 때
그 사정을 설명해 볼까요? 급한 일일 때는 휴대폰 번호를 알려 주세요.

내가 할 수 있는 말!

May I ask who is calling?

He is on a business trip.

He is on vacation.

He will be back next Tuesday.

Can you call back then?

Let me give you his cell phone number.

F 여보세요. 강민호 씨와 통화할 수 있을까요?   **I** 누구신지요?

F 소프트텍의 Lucy Anderson입니다.   **I** 강민호 씨는 지금 사무실에 없습니다. 출장 중입니다(휴가 중입니다). 다음 주
화요일에 돌아올 텐데요. 그때 다시 전화 주시겠습니까?

F 급한 일입니다.   **I** 그럼 강민호 씨의 휴대폰 번호를 알려 드리겠습니다.

with MP3

외국인과의 용감한 대화

F Hello, I would like to speak to Minho Kang.

I May I ask who is calling?

F This is Lucy Anderson from Softtec.

I I am afraid he is out of the office.
He is on a business trip.(He is on vacation.)
He will be back next Tuesday.
Can you call back then?

F It's an urgent matter.

I Then let me give you his cell phone number.

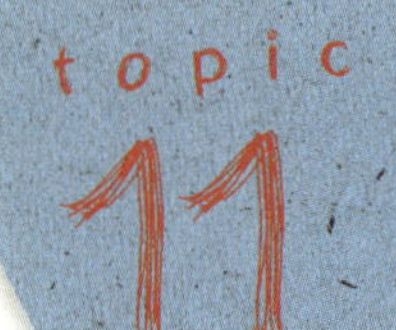

큰마음 먹고 전화 걸었는데 이름을 잘못 알고 있는 상황이면 뭐라고 해야 할까요?
당황하지 말고 침착하게 담당자가 누구인지 묻고 직통 번호를 알려 달라고 하면 돼요.

내가 할 수 있는 말!

Is Calvin Lee available?

I am trying to reach Softtec.

Is this 123-4567?

Could I speak to the person in charge of the
overseas marketing department?

Can I have her direct number just in case we
get disconnected?

ⓘ 여보세요. Calvin Lee 씨와 통화할 수 있습니까?   **Ⓕ** 그런 사람은 없는데요. 잘못 거신 것 같습니다.

ⓘ Softtec에 걸었는데요. 123–4567번 아닌가요?   **Ⓕ** 맞습니다.

ⓘ 그러면 해외 영업부의 담당자와 통화할 수 있을까요?   **Ⓕ** Lucy Anderson 씨입니다. 바꿔 드릴까요?

ⓘ 네, 감사합니다. 그리고 전화가 끊길 경우를 대비해서 직통 번호를 알 수 있을까요?

with MP3

외국인과의 용감한 대화

ⓘ Hello. Is Calvin Lee **available**?

Ⓕ There is no one here by that name.
I think you have the wrong number.

ⓘ I'm trying to reach Softtec. Is this 123-4567?

Ⓕ Yes, it is.

ⓘ Then could I speak to the **person in charge** of the
overseas marketing department?

Ⓕ That would be Lucy Anderson.
Would you like me to transfer you?

ⓘ Yes. Thank you. And can I have her **direct number** just
in case we get **disconnected**?

- 좀 더 천천히 말씀해 주시겠어요?
- 지금 바꿔 드리겠습니다. 끊지 말고 계세요.
- 루시 앤더슨 씨와 통화할 수 있을까요?
- 언제 돌아오십니까?
- 무슨 말씀인지 모르겠습니다.
- 이메일로 말씀해 주시는 게 쉽겠네요.
- 제 이메일 주소를 알려 드리겠습니다.
- 누구신지요?
- 그는 지금 사무실에 없습니다.
- 그때 다시 전화 주시겠습니까?
- 소프트텍에 걸었는데요.
- 직통 번호를 알 수 있을까요?

- Can you speak a little slower please?

- I will transfer you now. Please hold.

- May I speak to Lucy Anderson please?

- When do you expect her back?

- I didn't catch what you just said.

- It might be easier if you sent me an email.

- Let me give you my email address.

- May I ask who is calling?

- I am afraid he is out of the office.

- Can you call back then?

- I'm trying to reach Softtec.

- Can I have her direct number?

3 외국 호텔이나 레스토랑을 예약해야 한다

해외 자유 여행을 계획하고 온갖 호텔 예약 사이트를 돌아다니며 가격 비교를 하고 있었죠. 그러다 호텔에 직접 전화해서 물어보면 어떨까 하는 생각이 들었어요. 훨씬 자세한 정보와 많은 할인 혜택을 받을 수 있다고 들었거든요. 영어를 더듬거리면 좀 어때요? 내가 고객인데, 그쪽이 당답하겠죠, 뭐. 내친 김에 유명 레스토랑도 예약해 보려고요.

일산 H씨(직장인, 32세)

 **help me!** 호텔을 예약할 때는 숙박 기간과 여행 날짜, 방의 조건을 문의하는 문장만 잘 알아 두면 돼요. 복잡하고 자세한 정보는 무조건 메일로 보내 달라고 하세요.

 **with MP3**

내가 할 수 있는 말!

I am calling to inquire about room availability.

We will be staying for two nights.

We will be checking out on the 17th.

Can you tell me what types of rooms are available?

Could you email me the information?

Ⓘ 안녕하세요? 방에 대해 문의하고 싶은데요.　Ⓕ 도착 날짜가 언제입니까?　Ⓘ 5월 15일입니다.
Ⓕ 며칠이나 묵으시나요?　Ⓘ 이틀 밤을 묵을 예정입니다. 17일에 체크아웃할 거예요. 어떤 방을 쓸 수 있는지 알려 줄 수 있나요?
Ⓕ 두 개의 퀸 사이즈 침대가 있는 수페리어룸과 두 개의 더블 침대가 있는 디럭스룸이 있어요. 스위트룸도 있습니다.
Ⓘ 정보를 메일로 보내 주실 수 있나요? 제 메일 주소를 알려 드릴게요.

with MP3

외국인과의 용감한 대화

Ⓘ Hello. I am calling to **inquire** about room **availability**.

Ⓕ When is your **date** of arrival?

Ⓘ It's May 15th.

Ⓕ **How many** days will you be staying?

Ⓘ We will be staying for two nights.
We will be checking out on the 17th.
Can you tell me **what types** of rooms are available?

Ⓕ We have a **superior** room with two queen beds.
We have a **deluxe** room with two double beds.
And we also have a **suite**.

Ⓘ Could you email me the information?
Let me give you my email address.

호텔에 직접 전화하면 더 좋은 할인 기회를 얻을 수도 있어요. 일단 한번 물어보세요.
그리고 보조 침대와 아침 식사 가격도 문의해 보세요.

내가 할 수 있는 말!

I was wondering if you give any discounts for advance reservations.

There are three of us.

Could we have a room with double beds?

How much is a rollaway bed?

How much is the breakfast buffet?

Ⓘ 여보세요. 일찍 예약하면 할인을 받을 수 있나요? Ⓕ 한 달 전에 예약하시면 20% 할인해 드리고 있습니다. 몇 명이 묵으실 건가요?

Ⓘ 3명이 묵을 건데요. 더블 침대가 있는 방에 묵을 수 있나요? Ⓕ 그럼 방에 간이 침대를 넣으면 될 것 같습니다.

Ⓘ 간이 침대 가격은 얼마인가요? Ⓕ 하루에 15달러입니다.

Ⓘ 조식 가격은 얼마인가요? Ⓕ 확인하고 바로 연락 드리겠습니다.

with MP3

외국인과의 용감한 대화

Ⓘ Hello. I was wondering if you give any **discounts** for **advance reservations**.

Ⓕ If you **make** your **reservation** one month **in advance**, there is a 20% **discount**.
How many people will be staying in the room?

Ⓘ There are three of us.
Could we have a room with double beds?

Ⓕ We can put a **rollaway bed** in the room.

Ⓘ How much is a **rollaway bed**?

Ⓕ It's $15 a day.

Ⓘ How much is the breakfast buffet?

Ⓕ Let me check and get back to you.

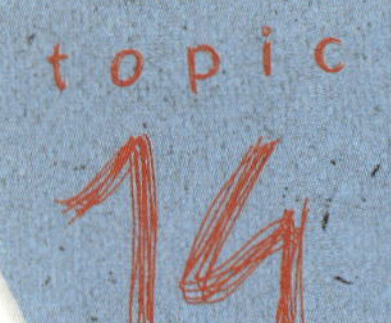

방에 대한 정보를 메일로 받았고 조건이 맞다면 전화로 예약까지 진행해 볼까요? 몇
마디 표현만 알아 두면 생각보다 쉬울 거예요.

내가 할 수 있는 말!

I would like to reserve a superior room.

I would like to check in on May 10th and check out on the 12th.

Could you give us a room with a nice view?

It's a Visa Card and the number is 123456780987.

The name on the card is Sujin Lee.

- 여보세요, 수페리어룸을 예약하고 싶습니다. ⓕ 언제로 예약하시겠습니까?
- 5월 10일에 체크인하고 12일에 체크아웃하고 싶은데요. ⓕ 2박 묵으시는 거, 맞죠?
- 네, 전망이 좋은 방으로 부탁드립니다. ⓕ 10층에 바다가 보이는 방이 있습니다.
- 네, 좋습니다. ⓕ 예약을 확정하기 위해서는 신용카드 정보가 필요합니다. 실제 결제는 체크인할 때 이루어집니다.
- 비자 카드이고 번호는 123456780987입니다. 이름은 이수진이에요.

with MP3

외국인과의 용감한 대화

ⓘ Hello, I would like to reserve a superior room.

ⓕ When would you like to check in?

ⓘ I would like to check in on May 10th and check out on the 12th.

ⓕ That's for two nights, correct?

ⓘ Yes, could you give us a room with a nice view?

ⓕ I have a room on the 10th floor overlooking the sea.

ⓘ That's perfect!

ⓕ I will need a credit card number to hold the reservation for you. You won't be charged until you check in.

ⓘ It's a Visa Card and the number is 123456780987. The name on the card is Sujin Lee.

예약을 다 마친 뒤에도 궁금한 점이 계속 생긴다면 망설이지 말고 전화하세요.
고객을 응대하는 거니까 호텔에서 친절하게 대답해 줄 거예요.

내가 할 수 있는 말!

I have a reservation on May 10th.

I have a few questions.

What time is breakfast?

Is it possible to upgrade to a room with a beach view?

Is there a place at the hotel to store my luggage?

hint

upgrade 개선하다. 승급시키다   **additional charge** 추가 요금   **store** 가게. 저장하다   **luggage** 짐. 가방
free of charge 무료로

ⓘ 여보세요. 저는 5월 10일로 예약했습니다. 몇 가지 문의할 사항이 있는데요.　ⓕ 말씀해 주세요.

ⓘ 조식 시간은 언제인가요?　ⓕ 조식은 7시부터 10시까지입니다.

ⓘ 바다 풍경을 볼 수 있는 방으로 업그레이드해 주실 수 있나요?

ⓕ 요금을 좀 더 지불하셔야 합니다. 방을 업그레이드하시겠습니까?

ⓘ 네. 그럴게요. 호텔에 짐을 맡길 수 있나요?　ⓕ 네. 무료로 보관해 드릴 수 있습니다.

with MP3

외국인과의 용감한 대화

ⓘ　Hello. I have a reservation on May 10th.
　　I have a few questions.

ⓕ　Sure.

ⓘ　What time is breakfast?

ⓕ　Breakfast is from seven am to ten am.

ⓘ　Is it possible to upgrade to a room with a beach view?

ⓕ　I'm afraid that there will be an additional charge.
　　Would you like to upgrade your room?

ⓘ　Yes, I would. Is there a place at the hotel to store my
　　luggage?

ⓕ　Yes, we can store your luggage free of charge.

외국 레스토랑은 예약이 필수예요. 영어를 써야 한다고 너무 두려워 마세요. 의외로 간단한 영어면 돼요. 날짜와 시간, 몇 명인지만 잘 얘기하면 될 거예요.

내가 할 수 있는 말!

I would like to make reservations for May 30th.

There are four of us.

I would like to make reservations for twelve o'clock.

Could we have a table by the window?

Could we have a table where it's quiet?

- ❶ 5월 30일에 예약을 하고 싶은데요.   ❶ 몇 분이십니까?
- ❶ 4명입니다. 12시에 갈 예정입니다. 창가 자리에 앉을 수 있나요?   ❶ 네. 조용한 자리로 부탁할 수 있을까요?
- ❶ 창가 자리는 예약이 다 찼습니다. 그래도 30일에 예약하시겠습니까?
- ❶ 조용한 자리로 예약해 드릴게요. 성함과 전화번호를 말씀해 주시겠습니까?
- ❶ 이름은 이선호이고 전화번호는 82-01-1234-5678입니다.

외국인과의 용감한 대화

❶ I would like to make reservations for May 30th.

❶ How many people are in your party?

❶ There are four of us.
I would like to make reservations for twelve o'clock.
Could we have a table by the window?

❶ The tables by the window are all reserved.
Would you still like to reserve a table for the 30th?

❶ Yes. Could we have a table where it's quiet?

❶ I have reserved a table in a very quiet area.
Can you tell me your name and phone number?

❶ My name is Sunho Lee and my phone number is 82-01-1234-5678.

여행을 하다 보면 일정에 변동이 생길 수 있어요. 그럴 때는 예약 시간을 바꿔야겠죠? 번거롭다고 포기하지 마세요. 정말 간단한 영어 표현으로 할 수 있어요.

내가 할 수 있는 말!

I have a reservation on May 30th at twelve o'clock.

I would like to change my reservation time.

Is it possible to change it to three o'clock?

Do I need to call you the day before to confirm my reservation?

See you then.

ㅣ 5월 30일 12시에 예약한 이선호입니다. 예약 시간을 변경하고 싶은데요. **F** 몇 시로 바꾸길 원하십니까?
ㅣ 3시로 바꾸는 게 가능한가요? **F** 가능합니다. 30일 3시로 바꿔 드리겠습니다.
ㅣ 예약을 확정하기 위해서 전날에 확인 전화를 해야 하나요? **F** 아니요. 다만 당일날 20분 이상 늦게 오시면 예약이 취소됩니다.
ㅣ 알겠습니다. 그때 뵙죠.

with MP3

외국인과의 용감한 대화

ㅣ My name is Sunho Lee, and I have a reservation on May 30th at twelve o'clock.
I would like to change my reservation time.

F What time would you like to change it to?

ㅣ Is it possible to change it to three o'clock?

F Yes. I have changed your reservation on the 30th to three o'clock.

ㅣ Do I need to call you the day before to confirm my reservation?

F No. However if you are more than 20 minutes late, your reservation will be cancelled.

ㅣ OK. See you then.

외국 호텔과 레스토랑에 전화 예약할 때 **비법의 핵심 문장!!**

◦ 이틀 밤을 묵을 예정입니다.　◦ 어떤 방을 쓸 수 있는지 알려 줄 수 있나요?　◦ 정보를 메일로 보내 주실 수 있나요?
◦ 전망이 좋은 방으로 부탁드립니다.　◦ 5월 10일에 체크인하고 12일에 체크아웃하고 싶은데요.
◦ 호텔에 짐을 맡길 수 있나요?　◦ 5월 30일에 예약을 하고 싶은데요　◦ 4명입니다.
◦ 창가 자리에 앉을 수 있나요?　◦ 5월 30일 12시에 예약했습니다.　◦ 예약 시간을 변경하고 싶은데요.

- We will be staying for two nights.

- Can you tell me what types of rooms are available?

- Could you email me the information?

- Could you give us a room with a nice view?

- I would like to check in on May 10th and check out on the 12th.

- Is there a place at the hotle to store my luggage?

- I would like to make reservations for May 30th.

- There are four of us.

- Could we have a table by the window?

- I have a reservation on May 30th at twelve o'clock.

- I would like to change my reservation time.

외국인에게 길을 가르쳐 줘야 한다

집에 오는 길에 지하철 무인발매기 앞에 당황한 표정으로 서 있는
외국인을 봤어요. 도와주고 싶었지만 글쎄 한마디도 영어로
떠오르지 않는 거 있죠? 그래서 '난 바쁘니까'라고 자기 변명을 하며
서둘러 지나왔어요. 하지만 집에 오니 그 외국인의 간절한 눈빛이
자꾸 생각나서 베개에 머리를 박게 돼요.
이런 후회를 되풀이하지 않도록 준비하고 싶어요.
서울 합정동 I씨(직장인 30세)

지하철 무인발매기 앞에서 우왕좌왕하는 외국인을 발견한다면 어떡하실래요?
영어가 한마디도 생각나지 않는다고요? 그럴 땐 'Excuse me'로 시작하세요.

내가 할 수 있는 말!

Excuse me. Do you need any help?

Which station are you going to?

How many tickets do you need?

It's 1,650 won including the 500 won deposit.

You can get your deposit back before you exit the station.

Ⓘ 실례합니다. 제가 좀 도와드릴까요?   Ⓕ 이 기계를 사용하는 방법을 모르겠어요. 표를 사고 싶은데. 저를 도와주시겠어요?
Ⓘ 어느 역까지 가세요?   Ⓕ 이태원 역까지 가요.   Ⓘ 몇 장 필요하세요?   Ⓕ 한 장이면 돼요.
Ⓘ 요금은 보증금 500원 포함해서 1,650원이에요. 보증금은 도착역에서 환급받을 수 있어요.

with MP3

외국인과의 용감한 대화

Ⓘ Excuse me. Do you need any help?

Ⓕ I don't know **how to** use this machine.
I need to **purchase** subway tickets. Can you help me?

Ⓘ Which station are you going to?

Ⓕ I am going to Itaewon station.

Ⓘ How many tickets do you need?

Ⓕ I just need one.

Ⓘ It's 1,650 won **including** the 500 won **deposit.**
You can get your **deposit** back before you **exit** the
station.

지하철에서는 반드시 환승해야 하는 일이 생기죠. '환승하세요'라는 말이 영어로
도무지 안 떠오른다고 좌절하지 마세요. take, get off, transfer만 기억하면 돼요.

내가 할 수 있는 말!

Take the number four subway bound
for Oido.

Get off at Chungmuro Station.

Transfer to the number three subway
at Chungmuro Station.

You can get on the subway from the
other side.

There is a call button by the turnstile.

Would you like me to go with you?

Ⓕ 이태원 역은 어떻게 가야 하나요?   **Ⓘ** 4호선 오이도행을 타고 충무로 역에서 내리세요. 충무로 역에서 3호선으로 갈아 타세요.

Ⓕ 어디서 타면 되나요?   **Ⓘ** 반대편으로 건너가서 타세요.

Ⓕ 어떻게 반대편으로 가죠?   **Ⓘ** 개찰구에 가면 호출 버튼이 있어요. 버튼을 누르면 역무원이 도와줄 거예요. 음. 제가 같이 가 드릴까요?

Ⓕ 그래 주시면 고맙죠.

외국인과의 용감한 대화

Ⓕ How do I get to Itaewon Station?

Ⓘ Take the number four subway bound for Oido.
And get off at Chungmuro Station.
Transfer to the number three subway at Chungmuro Station.

Ⓕ Where do I get on the subway?

Ⓘ You can get on the subway from the other side.

Ⓕ How can I get to the other side?

Ⓘ There is a call button by the turnstile.
Press the button and the station manager will help you.
Um. Would you like me to go with you?

Ⓕ Yes, I would appreciate that.

지하철 역 안에서 헤매는 외국인에게 길을 가르쳐 주려면 '계단을 올라가세요', '표지판을 따라가세요'라는 말쯤은 할 수 있어야 해요. 입에 붙도록 연습해 봐요.

내가 할 수 있는 말!

Just follow the sign.

Do you see the stairway over there?

Just go up the stairs.

Take the subway bound for Daewha Station.

The electric display says the subway will arrive in five minutes.

Make sure to double check the destination.

hint

sign 표지판   **over there** 저기에   **go up** 오르다   **electric display** 전광판   **make sure** 확인하다, 반드시
double check 재확인   **destination** 목적지, 목표

F 경복궁 역 가는 지하철은 어디서 타나요?   **I** 저 표지판 보이세요? 저 표지판을 따라가세요.

F 표지판을 찾을 수가 없어요.   **I** 저쪽에 있는 계단 보이시죠? 저 계단으로 올라가시면 돼요. 대화행 지하철을 타세요.
전광판에 지하철이 5분 뒤에 도착한다고 표시됐어요.

F 어디 행이라고요?   **I** 대화행이요. 어디 행인지 꼭 확인하세요.

외국인과의 용감한 대화

F Where can I catch the subway that goes to
Gyeongbokgung Station?

I Do you see that sign? Just follow the sign.

F I don't see the sign.

I Do you see the stairway over there?
Just go up the stairs.
Take the subway bound for Daewha Station.
The electric display says the subway will arrive in five
minutes.

F Which subway did you say?

I The subway bound for Daewha station.
Make sure to double check the destination.

‘6번 출구로 나가세요’라는 말을 할 수 있나요? 흔히 보는 ‘exit’란 단어를 읽기
어려워하는 사람이 의외로 많아요. 이번에 발음과 활용법을 확실히 알아 두세요.

내가 할 수 있는 말!

The next stop is Anguk Station.

Take the number six exit.

When you exit, walk straight and you
will see it.

You don't need to take a cab.

It only takes about five minutes by foot.

You should have no problem finding it.

F 다음 역이 안국 역 맞나요?   **I** 맞아요. 다음 역이 안국 역이에요.
F 어느 출구로 나가야 인사동으로 갈 수 있는지 아세요?   **I** 6번 출구예요. 나가서 곧장 앞으로 걸어가면 돼요.
F 혹시 택시를 타야 하나요?   **I** 택시 탈 필요는 없어요. 걸어서 5분밖에 안 걸려요. 사람들이 많이 모여 있는 거리예요.
쉽게 찾을 수 있을 거예요.

외국인과의 용감한 대화

F   Is the next stop Anguk Station?

I   Yes it is. The next stop is Anguk Station.

F   Do you know which exit I need to take to get to
Insadong?

I   Take the number six exit.
When you exit, walk straight and you will see it.

F   Do I need to take a cab?

I   You don't need to take a cab.
It only takes about five minutes by foot.
There are many people on that street.
You should have no problem finding it.

길 찾는 걸 말로 설명하기 애매할 때는 앱으로 검색해서 휴대폰 화면을 보여 주는 것도
방법이에요. 이때 쓸 수 있는 영어 문장들을 연습해요!

내가 할 수 있는 말!

Where are you trying to go?

Let me check on my phone.

I have an app for finding directions.

You will come to an intersection.

Kitty cafe is diagonally across the street.

Do you want to take a picture of this
map on my phone?

ⓘ 어디를 가려고 하나요?   ⓕ 키티 카페를 가려고 하는데요.
ⓘ 휴대폰에서 검색해 볼게요. 길찾기 앱이 있거든요. 나왔어요. 이 길 따라 쭉 가면 사거리가 나와요. 키티 카페는 대각선 방향에
    있어요. 5분 정도만 걸어가면 보일 거예요.   ⓕ 죄송한데 다시 한 번 설명해 주시겠어요?
ⓘ 제 휴대폰의 지도를 사진 찍으실래요?

with MP3

외국인과의 용감한 대화

ⓘ Where are you trying to go?

ⓕ I would like to go to Kitty cafe.

ⓘ Let me check on my phone.
I have an **app** for finding **directions**.
Here it is. If you walk straight on this road, you will
come to an **intersection**.
Kitty cafe is **diagonally** across the street.
Walk for about five minutes and you will see it.

ⓕ I am sorry. Can you tell me that one more time?

ⓘ Do you want to **take a picture of** this map on my phone?

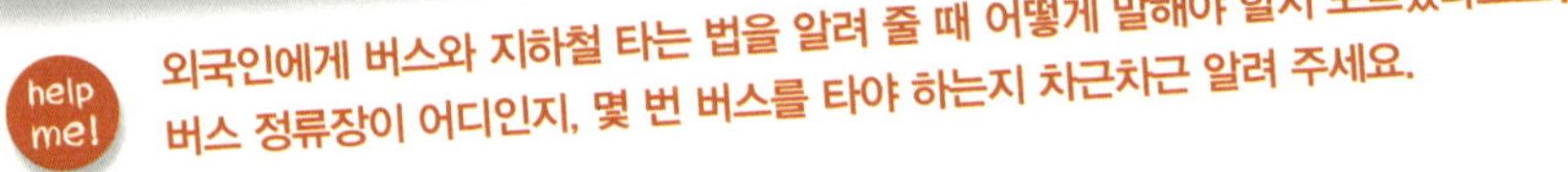

외국인에게 버스와 지하철 타는 법을 알려 줄 때 어떻게 말해야 할지 모르겠다고요?
버스 정류장이 어디인지, 몇 번 버스를 타야 하는지 차근차근 알려 주세요.

with MP3

내가 할 수 있는 말!

It's too far to walk to Seoul Station.

Cross the street in front of the hotel.

The bus stop is opposite the hotel.

Take the number six bus there.

The number six bus will take you to Seoul Station.

You can take the subway from Gwanghwamun Station.

ⓕ 서울역으로 걸어갈 수 있나요?   **ⓘ** 서울역은 걸어가기에는 멀어요. 버스를 타세요. 저쪽에 호텔이 보이나요?   **ⓕ** 네, 보여요.

ⓘ 호텔 앞에서 길을 건너세요. 호텔 맞은편에 버스 정류장이 있어요. 거기서 6번 버스를 타세요. 그러면 서울역에 갈 수 있어요.

ⓕ 그런데 혹시 전철로도 서울역에 갈 수 있나요?

ⓘ 갈 수 있어요. 광화문 역에서 전철을 타세요. 종로3가 역에서 내려서 거기서 1호선으로 갈아 타면 돼요.

with MP3

외국인과의 용감한 대화

ⓕ Can I walk to Seoul Station?

ⓘ It's **too** far **to** walk to Seoul Station.
You can take the bus. Do you see the hotel over there?

ⓕ Yes, I see it.

ⓘ Cross the street **in front of** the hotel.
The bus stop is **opposite** the hotel.
Take the number six bus there.
The number six bus will take you to Seoul Station.

ⓕ Can I take the subway to Seoul Station?

ⓘ Yes, you can. You can take the subway from
Gwanghwamun Station. Get off at Jongno sam-ga Station.
Then transfer to the number one from there.

외국인에게 길을 가르쳐 줄 때 비법의 핵심 문장!!

- 제가 좀 도와드릴까요?
- 어디를 가려고 하나요?
- 길찾기 앱이 있거든요.
- 이 길 따라 똑바로 걸어가세요.
- 호텔 앞에서 길을 건너세요.
- 5분 정도 걸어가면 나올 거예요.
- 서울역까지 걸어가기에는 멀어요.
- 6호선(6번 버스)을 타세요.
- 충무로 역에서 3호선으로 갈아 타세요.
- 계단으로 올라가세요.
- 표지판을 따라가세요.
- 6번 출구로 나가세요.

- Do you need any help?

- Where are you trying to go?

- I have an app for finding directions.

- Walk straight on this road.

- Cross the street in front of the hotel.

- Walk for about five minutes and you will see it.

- It's too far to walk to Seoul station.

- Take the number six subway(bus).

- Transfer to the number three subway at Chungmuro Station.

- Just go up the stairs.

- Just follow the sign.

- Take the number six exit.

5 외국인 바이어와 이야기를 나눠야 한다

우리 부서에 외국인 바이어가 온대요. 물론, 저와는 업무적인 얘기를
하지 않아요. 하지만 같이 다녀야 할지도 몰라요. 흑흑.
외국인 바이어가 나한테 말이라도 걸면 어떡하죠?
같이 다니면서 한 마디도 안 할 수는 없잖아요.
영어 프리젠테이션이야 외우면 할 수 있죠. 하지만 이렇게
갑자기 해야 하는 가벼운 대화는 너무 어려워요.

서울 종로 P씨(회사원, 33세)

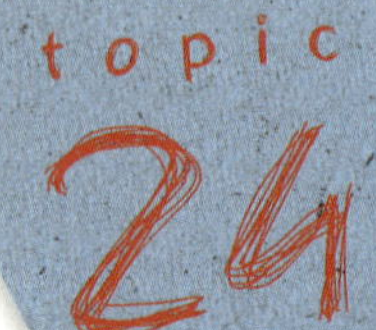

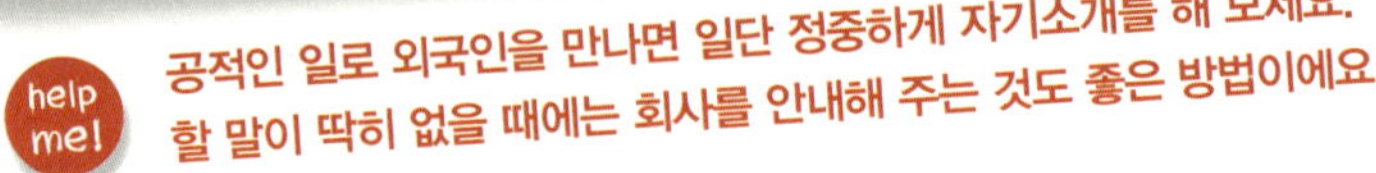

내가 할 수 있는 말!

You must be Peter.

Did you have any difficulties finding our office?

May I introduce myself?

Here is my business card.

Please don't hesitate to contact me.

Let me give you a tour of the company.

hint
navigation 네비게이션   **introduce oneself** 자신을 소개하다   **business card** 명함   **hesitate** 망설이다, 주저하다
give a tour 둘러보게 하다

ⓘ 안녕하세요. 당신이 피터 씨군요. 우리 사무실을 찾는 데 어려움은 없었나요?

ⓕ 네비게이션이 있으니까요. 전혀 문제 없었습니다.

ⓘ 저를 소개해도 될까요? 저는 강영우입니다. 만나서 정말 반갑습니다. 여기 제 명함입니다. 명함을 받을 수 있을까요?

ⓕ 물론이죠.   ⓘ 주저 말고 연락 주세요.   ⓕ 감사합니다.   ⓘ 그럼 회사를 안내해 드리겠습니다.

with MP3

외국인과의 용감한 대화

ⓘ Hello. You must be Peter.
Did you have any difficulties finding our office?

ⓕ With the help of my **navigation** system, I had no problems.

ⓘ May I **introduce myself**?
I am Youngwoo Kang. It's very nice to meet you.
Here is my **business card**.
Can I get your **business card**?

ⓕ Of course.

ⓘ Please don't **hesitate** to contact me.

ⓕ Thank you very much.

ⓘ Let me **give** you **a tour** of the company.

일 관련해서 한국에 온 외국인에게 시차 적응에 대해, 또 관광 계획에 대해 물어보면 좋을 것 같아요. 관심을 표현하는 방법이 되지 않을까요?

내가 할 수 있는 말!

When did you come to Korea?

How is your jetlag? Are you doing OK?

Have you been to Seoul before?

Do you have some time to do some sightseeing in Seoul during this business trip?

There is lots to see.

ⓘ 언제 한국에 왔습니까?   ⒡ 어제 도착했습니다.
ⓘ 시차 적응은 좀 됐나요? 괜찮아요?   ⒡ 조금 피곤하지만 괜찮습니다.
ⓘ 전에 서울에 와 본 적이 있나요?   ⒡ 한 번도 와 본 적 없습니다.
ⓘ 이번 출장길에 서울을 관광할 시간이 있나요?   ⒡ 여유 시간이 조금 있습니다.
ⓘ 잘됐네요. 볼 게 많거든요.

with MP3

외국인과의 용감한 대화

ⓘ When did you come to Korea?

⒡ I **arrived** yesterday.

ⓘ How is your **jetlag**? Are you doing OK?

⒡ I am a little tired, but I am OK.

ⓘ **Have you been to** Seoul before?

⒡ I have never been here.

ⓘ Do you have some time to do some **sightseeing** in Seoul **during** this business trip?

⒡ Yes, I have some **free time**.

ⓘ That's good. There's lots to see!

업무상 만난 외국인과 같이 차를 타고 가는 경우가 생길 수 있어요. 그럴 때는
대도시의 교통 체증에 대해 이야기하는 게 무난해요.

내가 할 수 있는 말!

It's rush hour, so there is a lot of traffic.

It's because many people live in Seoul.

Do you have a lot of traffic congestion
in your town?

During rush hour, it's faster to take the
subway.

When I commute to work, I'm always on
a crowded subway.

Ⓘ 혼잡한 시간이라 차가 많이 막혀요.   Ⓕ 서울에는 차가 많네요.

Ⓘ 서울에는 많은 사람들이 사니까요. 당신이 사는 도시도 교통 체증이 심한가요?

Ⓕ 제가 사는 곳은 좀 작아요. 그래서 교통 사정이 그렇게 나쁘지는 않아요. 하지만 대도시는 어디나 교통 사정이 나쁘죠.

Ⓘ 혼잡한 시간에는 지하철이 더 빨라요. 하지만 지하철에도 사람이 많죠.   Ⓕ 저도 사람 많은 지하철을 타 본 적이 있어요.

Ⓘ 저는 항상 출퇴근할 때 사람 많은 지하철을 타요. 진이 다 빠지죠.

with MP3

외국인과의 용감한 대화

Ⓘ It's **rush hour**, so there is a lot of **traffic**.

Ⓕ There are many cars in Seoul.

Ⓘ It's because many people live in Seoul.
Do you have a lot of **traffic congestion** in your town?

Ⓕ My town is pretty small, so the **traffic** is not that bad.
However, **traffic** always **seems** to be bad in big cities.

Ⓘ During rush hour, it's faster to take the subway.
However, the subway is pretty **crowded** too.

Ⓕ I've been on a **crowded** subway before.

Ⓘ When I **commute** to work, I'm always on a **crowded**
subway. It's really **draining**!

여유 시간에 무엇을 할 예정인지 물어보면 어떨까요? 한국의 기념품을 살 만한 곳을 가르쳐 주면 한층 친밀해질 수 있을 거예요.

내가 할 수 있는 말!

What do you plan to do during your free time?

What would you like to buy?

Insadong would be the best place to buy Korean souvenirs.

Dongdaemun is close to Insadong.

You can shop at both places.

If you would like, I can take you.

hint
go shopping 쇼핑하다   traditional 전통적인   souvenir 기념품   be close to ~ ~에 가깝다

Ⓘ 여유 시간에 뭐 하실 건가요?   Ⓕ 쇼핑을 좀 하고 싶은데 어디로 가야 할지 모르겠어요.
Ⓘ 뭘 사고 싶은데요?   Ⓕ 한국의 전통 기념품을 사고 싶어요. 동대문 시장이 유명하다고 들었는데.
Ⓘ 한국 기념품을 사기에는 인사동이 딱 좋아요. 동대문은 인사동에서 가깝죠. 두 군데에서 다 쇼핑할 수 있어요.
괜찮으시면 안내해 드릴게요.

with MP3

외국인과의 용감한 대화

Ⓘ What do you plan to do during your free time?

Ⓕ I would like to **go shopping**,
but I am not sure where to go.

Ⓘ What would you like to buy?

Ⓕ I would like to buy some **traditional** Korean **souvenirs.**
I heard Dongdaemun market is a very popular place to
shop.

Ⓘ Insadong would be the best place to buy Korean
souvenirs. Dongdaemun **is close to** Insadong.
So you can shop at both places.
If you would like, I can take you.

업무적으로 만난 외국인과 헤어질 때 어떻게 마무리를 지으면 좋을까요? Bye밖에 안 떠오를 때 알아 두면 좋은 표현들이에요.

내가 할 수 있는 말!

Thank you for coming.

May I contact you if I have any questions?

Do you have any meetings in the afternoon?

How are you getting there?

There is always a lot of traffic in Gangnam.

Drive safely.

Ⓕ 만나서 즐거웠습니다. 그런데 제가 지금 가 봐야 해서요.

Ⓘ 와 주셔서 감사해요. 만나서 반가웠습니다. 문의사항이 있으면 연락해도 될까요?

Ⓕ 물론이죠.　Ⓘ 오후에 다른 미팅이 있나요?

Ⓕ 네. 5시에 강남에서 약속이 있어요.　Ⓘ 어떻게 가세요?　Ⓕ 차를 가지고 왔어요. 운전해서 갈 거예요.

Ⓘ 앗, 그렇다면 서두르는 게 좋을 것 같아요. 강남은 언제나 차가 많이 막히거든요. 운전 조심하세요.

with MP3

외국인과의 용감한 대화

Ⓕ It was very nice meeting with you, but I need to get going now.

Ⓘ Thank you for coming. It was a pleasure to meet you. May I **contact** you if I have any questions?

Ⓕ Of course.

Ⓘ Do you have any meetings in the afternoon?

Ⓕ Yes. I have an **appointment** in Gangnam at five o'clock.

Ⓘ How are you **getting there**?

Ⓕ I have a car. I am going to drive there.

Ⓘ Oh, you'd better hurry then.
There is always a lot of traffic in Gangnam. Drive safely.

- 여기 제 명함입니다.　　● 주저 말고 연락 주세요.　　● 언제 한국에 왔습니까?　　● 시차 적응은 좀 됐나요? 괜찮아요?
- 혼잡한 시간이라 차가 많이 막혀요.　　● 당신이 사는 도시도 교통 체증이 심한가요?　　● 여유 시간에 뭐 하실 건가요?
- 기념품을 사기에는 인사동이 딱 좋아요.　　● 괜찮으시면 안내해 드릴게요.　　● 문의사항이 있으면 연락해도 될까요?
- 오후에 다른 미팅이 있나요?　　● 운전 조심하세요.

- Here is my business card.

- Please don't hesitate to contact me.

- When did you come to Korea?

- How is your jetlag? Are you doing OK?

- It's rush hour, so there is a lot of traffic.

- Do you have a lot of traffic congestion in your town?

- What do you plan to do during your free time?

- Insadong would be the best place to buy souvenirs.

- If you would like, I can take you.

- May I cantact you if I have any questions?

- Do you have any meetings in the afternoon?

- Drive safely.

6 외국인이 나를 식사에 초대했다

믿을 수 없는 일이 일어났어요!
글쎄, 건너건너 아는 외국인이 나를 저녁 식사에 초대했어요.
일단 Yes라고 대답했는데 큰일이에요. 다가올 그날만 생각하면
손이 떨리고 식은땀이 흘러요. 외국인 집에 처음 가면 뭐라고 말하나요?
멍하니 앉아 있는 내 모습을 상상만 해도 고문이에요.
이제라도 취소할까요? 누가 속성으로 영어 좀 가르쳐 주세요!

서울 은평 K씨(31세, 주부)

얼굴만 알던 외국인에게 포트럭 파티 초대를 받는다면 어떻게 대답해야 할까요? 마치
포트럭 파티에 많이 가 봤던 것처럼 능숙하게 대답할 수 있게 연습해 봐요.

내가 할 수 있는 말!

What is the occasion?

How many people are coming?

I like potluck parties.

What should I bring?

Let me think about what to make, and I
will let you know.

F 다음 토요일에 시간 있어요? 저녁 먹으러 우리 집에 올래요?   **I** 무슨 일이에요?

F 최근에 이사했거든요. 집들이 하려고요.   **I** 몇 명이나 와요?

F 여섯 명쯤 올 거예요. 각자 음식을 가지고 와요.   **I** 아, 저는 포트럭 파티가 좋아요. 저는 뭘 가져갈까요?

F 가장 잘하는 음식을 가져오면 돼요.   **I** 뭘 만들지 생각 좀 해 보고 알려 드릴게요.

with MP3

외국인과의 용감한 대화

F Are you free next Saturday?
Can you come to my house for dinner?

I What is the occasion?

F I moved recently. I'm having a housewarming party.

I How many people are coming?

F There will be around six people.
Everyone is going to bring one dish.

I Oh, I like potluck parties. What should I bring?

F Just bring your best dish.

I Let me think about what to make, and I will let you know.

외국인의 집에 초대 받았을 때 답례로 작은 선물을 하면 좋아요. 과자 등을 만들어 가면 어떨까요? 그리고 일단 현관에 들어서면 집에 대해 칭찬부터 해 주세요.

내가 할 수 있는 말!

Thank you for inviting me.

It was not far from my home.

I baked it myself.

I found a great recipe on the Internet.

Your home is very beautiful!

I love how you decorated it.

hint
It is good to ~ ~해서 좋다 **didn't have to ~** ~하지 않았어도 된다 **bake** 굽다 **recipe** 요리법
decorate 장식하다 **interested in ~** ~에 흥미 있는 **interior** 내부의

ⓕ 잘 왔어요. 집 찾는 데 어렵진 않았어요? **ⓘ** 아니, 전혀요. 우리 집에서 멀지 않았어요. 초대해 주셔서 감사해요.

ⓕ 오, 이건 뭔가요? 아무것도 안 가져와도 되는데요.

ⓘ 물론 알고 있지만 가져오고 싶었어요. 제가 구웠어요. 인터넷에서 좋은 요리법을 발견했거든요.

ⓕ 와우, 맛있게 보이네요. **ⓘ** 집이 정말 예뻐요. 장식하신 게 마음에 들어요. **ⓕ** 고마워요. 전 인테리어에 관심이 많아요.

with MP3

외국인과의 용감한 대화

ⓕ It's good to see you.
Did you have a hard time finding my house?

ⓘ No, not at all. It was not far from my home.
Thank you for inviting me.

ⓕ Oh, what's this? You **didn't have to** bring anything.

ⓘ I know I didn't, but I wanted to. I **baked** it myself.
I found a great **recipe** on the Internet.

ⓕ Wow, this looks really delicious.

ⓘ Your home is very beautiful! I love how you **decorated** it.

ⓕ Thank you. I'm **interested in interior** designing.

음식 이야기는 분위기를 잘 풀어 줄 수 있어요. 포트럭 파티에 만들어 간 음식에 대해
설명해 봐요. slice, saute, boil, mix, add만 알면 웬만한 요리는 다 설명할 수 있지요.

내가 할 수 있는 말!

It's actually easy to make.

You need pork, mushrooms, carrots, onion, spinach, and Dangmyun.

Slice the vegetables and the pork.

Sauté them with minced garlic and salt.

Mix Dangmyun with the vegetables and pork.

Add some soy sauce and sugar.

ⓘ 이건 잡채예요. 좋아해 주니 기뻐요. 만들기 정말 쉽지요.　Ⓕ 어떻게 만드는지 알려 줄 수 있어요?
ⓘ 돼지고기, 버섯, 당근, 양파, 시금치, 당면이 필요해요.　Ⓕ 채소가 많이 들어가는군요. 저는 채소를 좋아해요.
ⓘ 야채와 돼지고기를 얇게 썰어요. 그리고 다진 마늘과 소금을 넣고 볶아요. 당면을 삶고 야채와 돼지고기를 당면과 함께 섞어요.
　간장과 설탕으로 양념을 해서 섞으면 돼요.

with MP3

외국인과의 용감한 대화

ⓘ This is called Japchae. I am so glad that you like it.
It's actually easy to make.

Ⓕ Can you tell me how to make this?

ⓘ You need pork, mushrooms, carrots, onion, spinach, and
Dangmyun.

Ⓕ That's a lot of vegetables. I love vegetables.

ⓘ Slice the vegetables and the pork.
Sauté them with minced garlic and salt.
Boil the Dangmyun.
Mix Dangmyun with the vegetables and pork.
Add some soy sauce and sugar and mix all together.

대화 주제로 '술' 이야기가 떠오른다면 우리나라의 술인 막걸리와 소주에 대해 설명해 주면 어떨까요? 그리고 술을 못 마신다는 표현도 한번 배워 볼까요?

내가 할 수 있는 말!

There are many Koreans that drink a lot.

I can't even drink a sip of beer.

Makgeolli is a traditional Korean alcohol beverage.

It is made from rice.

You do need to drink it in moderation.

Have you tried soju?

F 당신은 술을 잘 마시나요?   **I** 사실 많은 한국 사람들이 술을 잘 마시죠. 하지만 저는 맥주 한 모금도 못 마셔요. 어지럽거든요.
F 요즘에는 막걸리가 인기 있는 것 같아요. 저는 막걸리를 마셔 본 적이 있어요. 맛있던데요.
I 막걸리는 한국의 전통적인 술이에요. 쌀로 만든 거죠. 막걸리는 건강에 좋아요. 유익균이 많이 있거든요. 물론 적당히 마셔야죠.
소주는 마셔 봤어요?   **F** 소주는 저한테 조금 독했어요.

with MP3

외국인과의 용감한 대화

F Do you drink a lot?

I Actually, there are many Koreans that drink a lot.
But I can't even drink a sip of beer. I get dizzy.

F Makgeolli seems to be popular these days.
I tried it, and it was really good.

I Makgeolli is a traditional Korean alcohol beverage.
It is made from rice. Makgeolli is actually good for you.
It has a lot of healthy bacteria.
But you do need to drink it in moderation.
Have you tried soju?

F Soju was a little strong for me.

서울에 사는 외국인에게 서울 생활이 어떤지 물어볼까요? 서울에 대해 어떤 이야기를 할 수 있을까요? 서울의 인구와 분주한 생활에 대해 말해 볼까요?

with MP3

내가 할 수 있는 말!

How are you adjusting to life in Korea?

What are some things that are different?

How many people live in your city?

That's not a lot of people at all.

There are about 11 million people in Seoul.

I love the hustle and bustle of life in Seoul.

❶ 한국에서 살기는 어때요?   ❶ 나는 서울에서 사는 게 정말 좋아요. 우리나라와는 정말 달라요.
❶ 어떤 점들이 다른가요?   ❶ 우선 서울에는 정말 많은 사람들이 있어요. 우리 도시에선 사람들을 보기 어려워요.
❶ 정말이요? 인구가 얼마인데요?   ❶ 20만 명쯤 돼요.
❶ 사람들이 정말 많지 않군요. 서울에는 천백만 명쯤의 사람들이 살아요. 저는 활기차고 북적대는 서울에서 사는 게 좋아요.

with MP3

외국인과의 용감한 대화

❶ How are you **adjusting** to life in Korea?

❶ I really like living in Seoul.
It's really different than my home country.

❶ What are some things that are different?

❶ **First of all,** there are many people here in Seoul.
It's hard to see people in my city.

❶ Really? How many people live in your city?

❶ There are about 200,000 people in my city.

❶ That's not a lot of people **at all.**
There are about 11 million people in Seoul.
I love the **hustle and bustle** of life in Seoul.

 help me!

저녁도 다 먹었고 차도 다 마셨고 드디어! 마침내! 헤어져야 할 시간이 왔어요.
초대를 마무리할 때쯤에는 어떤 대화를 하면 좋을지 연습해 보세요.

내가 할 수 있는 말!

I need to get going now.

I really had a good time tonight.

The food was really delicious.

I am really stuffed.

I want to invite you to my house.

I will cook Korean food for you.

① 이제 가 봐야겠어요. 오늘 저녁 정말 즐거웠어요.   **⑤** 좀 더 있다 가세요.

① 정말 늦었어요. 초대해 주셔서 감사합니다. 음식이 너무 맛있었어요. 정말 배가 불러요. 다음에는 저희 집으로 초대할게요.

⑤ 그거 좋아요. 한국 음식을 해 주셨으면 좋겠어요. 저는 한국 음식을 사랑해요.

① 물론이죠. 당신을 위해 한국 음식을 요리할게요.   **⑤** 조심히 가세요.

① I need to get going now.
I really had a good time tonight.

⑤ Can you stay a little bit longer?

① It's really late. Thank you for inviting me.
The food was really delicious. I'm really stuffed.
Next time, I want to invite you to my house.

⑤ That would be really nice.
I hope you will cook Korean food. I love Korean food.

① Yes, I will cook Korean food for you.

⑤ Take care.

● 다음 토요일에 시간 있어요?　　● 저녁 먹으러 우리 집에 올래요?　　● 몇 명이나 와요?　　● 초대해 주셔서 감사해요.
● 집이 정말 예뻐요.　　● 장식하신 게 마음에 들어요.　　● 한국에서 살기는 어때요?　　● 어떤 점들이 다른가요?
● 당신의 도시는 인구가 얼마인가요?　　● 저는 활기차고 북적대는 서울에서 사는 게 좋아요.　　● 이제 가 봐야겠어요.
● 오늘 저녁 정말 즐거웠어요.

- Are you free next Saturday?

- Can you come to my house for dinner?

- How many people are coming?

- Thank you for inviting me.

- Your home is very beautiful!

- I love how you decorated it.

- How are you adjusting to life in Korea?

- What are some things that are different?

- How many people live in your city?

- I love the hustle and bustle of life in Seoul.

- I need to get going now.

- I really had a good time tonight.

7 외국인이 우리 집에 묵으러 온다

우리 엄마가 덜컥 도시 민박을 신청했지 뭐예요.
3일 뒤면 외국 손님이 우리 집에 와서 먹고 자는 거예요!
우리 가족은 단체로 불안에 떨고 있어요.
아빠는 은근 나의 영어 실력을 기대하는 눈치예요.
흑! 죄송해요, 아빠. 그동안 교육시킨 보람을 못 느끼게 해 드려서
가족을 실망시키지 않으려면 뭘 어떻게 해야 할까요?

부산 L세(17세, 고등학생)

처음 현관에서 외국인을 맞을 때 어떤 말로 시작하면 좋을지 생각해 보세요.
우선 환영의 뜻으로 한껏 미소를 짓고 방까지 무사히 안내하는 게 중요해요.

내가 할 수 있는 말!

Did you have trouble finding your way here?

You must have a good sense of direction.

You can put your shoes here.

You can wear these slippers.

I will show you your bedroom first.

Do you need any help with your luggage?

hint

detail ~을 자세히 말하다, 자세함   **helpful** 도움이 되는   **a good sense of direction** 밝은 길눈   **take off** 벗다

ⓘ 어서 오세요. 여기까지 오는 데 어려웠나요?   ⓕ 이메일로 보내 주신 자세한 약도가 정말 도움이 됐어요.
ⓘ 그래도 길눈이 정말 밝으신가 봐요.   ⓕ 네. 방향 감각이 좋은 편입니다. 신발은 벗어야 하나요?
ⓘ 네. 신발은 여기다 두고 실내화를 신으세요. 먼저 침실을 보여 드릴게요. 바로 여기예요. 가방을 좀 들어 드릴까요?
ⓕ 괜찮습니다. 별로 무겁지 않아요.

with MP3

외국인과의 용감한 대화

ⓘ Welcome! Did you have trouble finding your way here?

ⓕ The **detailed** map that you emailed me was very **helpful.**

ⓘ But still, you must have **a good sense of direction.**

ⓕ Yes, I'm actually pretty good with directions.
Should I **take** my shoes **off**?

ⓘ Yes. You can put your shoes here and wear these slippers.
I will show you your bedroom first. It's right over here.
Do you need any help with your luggage?

ⓕ That's OK. It's not heavy.

방을 소개한 다음에는 잘 쉬라고 얘기해 주면 돼요. 또 와이파이 아이디와 비밀번호도
가르쳐 줘 볼까요? 자연스럽게 입에서 나오도록 연습하세요.

내가 할 수 있는 말!

Please make yourself at home.

You must be tired from your trip.

I will let you rest.

The bathroom is over there.

Please let me know if you need anything.

'Kim' is the name of the network and
'1234' is the password.

❶ 여기가 당신 방이에요. 마음에 들어요? ❷ 무척 마음에 들어요. 깨끗하고 아늑해요.

❶ 편안하게 지내요. ❷ 그럴게요. 감사합니다.

❶ 먼 길 오느라 피곤했죠. 그럼 쉬어요. 목욕탕은 저쪽이에요. 필요한 게 있으면 알려 주세요.

❷ 와이파이를 이용할 수 있을까요? ❶ 물론이죠. 와이파이 이름은 'kim'이고, 비밀번호는 '1234'예요.

외국인과의 용감한 대화

❶ Here is your bedroom. Do you like it?

❷ It's very nice. I really like it. It's very clean and cozy.

❶ Please make yourself at home.

❷ I will certainly do that. Thank you very much.

❶ I am sure you must be tired from your trip.
I will let you rest.
The bathroom is over there.
Please let me know if you need anything.

❷ Is there Wi-Fi available here?

❶ Yes, 'kim' is the name of the network and '1234' is the password.

식사 시간을 안내해 볼까요? 한국 음식은 외국인 입맛에 매울 수 있으니까 미리 경고해 주세요. 그리고 식사 때 어떤 음식이 나올 건지도 얘기해 주세요.

내가 할 수 있는 말!

Would you like a snack?

Can you eat spicy food?

There are many spicy dishes in Korea.

We are having Galbijjim for dinner.

It's braised beef or pork short ribs.

It seasoned mainly with soy sauce.

hint
snack 간식, 가벼운 식사   **smell** 냄새를 맡다, 냄새   **spicy** 매운   **dish** 요리, 접시   **What kind of ~** 어떤 종류의 ~을
braise 볶아서 뭉근한 불에 끓이다   **season** 양념하다

❶ 간식 좀 먹을래요? 저녁 식사 시간은 7시예요.   ❺ 아니요. 그냥 식사 시간까지 기다릴게요. 벌써 맛있는 냄새가 나요.
❶ 한국 음식에는 매운 게 많아요. 매운 음식 잘 먹어요?   ❺ 많이 맵지 않으면 괜찮아요.
❶ 저녁으로 갈비찜을 먹을 거예요.   ❺ 처음 먹어 봐요. 무슨 요리인가요?   당근, 양파, 감자 같은 채소랑 같이 요리하죠.   ❺ 맛있을 것 같아요!
❶ 소나 돼지의 갈빗살을 조린 요리예요. 간장으로 양념했어요. 당근, 양파, 감자 같은 채소랑 같이 요리하죠.

외국인과의 용감한 대화

❶ Would you like a **snack**? Dinner is at 7 o'clock.

❺ No thank you. I will just wait for dinner.
I already **smell** something delicious.

❶ There are many **spicy dishes** in Korea.
Can you eat **spicy** food?

❺ If it's not too **spicy**, then it's OK.

❶ We are having Galbijjim for dinner.

❺ I have never had Galbijiim. **What kind of dish** is it?

❶ It's **braised** beef or pork short ribs.
It **seasoned** mainly with soy sauce. It's cooked with
vegetables such as carrots, onions, and potatoes.

❺ That sounds delicious!

외국인 손님과 같이 밥을 먹을 때 한식의 매력에 관해 이야기해 보면 어떨까요?
안 매운 김치를 준비해 두고 음식을 권하면서 대화를 시작하세요.

내가 할 수 있는 말!

How is the food?

Did you try seaweed?

You wrap it around some rice and eat it.

Most foreigners like that dish.

You can get hooked on the taste of
Korean food.

It's pretty addictive.

hint
seaweed 김   wrap 포장하다, 두르다   taste 맛, 취향   get hooked on ~에 푹 빠지다   addictive 중독성의

Ⓘ 이건 안 매운 김치예요. 음식이 입에 맞아요?   Ⓕ 맛있어요! 전 정말 한식을 좋아해요.
Ⓘ 김 먹어 봤어요?   Ⓕ 아직이요. 난생처음 보는 음식이라서요. 어떻게 먹는 건가요?
Ⓘ 밥에 싸서 먹는 거예요. 한번 먹어 보세요.   Ⓕ 괜찮네요. 그래도 저는 갈비찜이 제일 좋아요!
Ⓘ 외국인들은 대부분 그 음식을 좋아하죠. 한식 맛에 빠지게 될 거예요. 꽤 중독성이 있거든요.

외국인과의 용감한 대화

Ⓘ This is non-spicy Kimchi. How is the food?

Ⓕ It is delicious! I really like Korean food.

Ⓘ Did you try **seaweed**?

Ⓕ Not yet. I have never seen anything like it before.
How do you eat it?

Ⓘ You **wrap** it around some rice and eat it. Here try one.

Ⓕ That's an interesting **taste**. I like Galbijjim the best!

Ⓘ Most foreigners like that dish too.
You can **get hooked on** the **taste** of Korean food.
It's pretty **addictive**.

 방에서 보일러를 조절하는 방법을 알려 줘 볼까요? 온도 조절, 온수 등을 영어로 설명해 보세요. 또 더 필요한 건 없는지도 물어봐 주세요.

내가 할 수 있는 말!

You can control the heat with this button.

That blue button is for the hot water.

You can push it when you want to take a shower.

Is there anything else you need?

I will be right back with your pillow and hair dryer.

hint
turn down 내리다   **take a shower** 샤워하다   **comfortable** 편안한   **blanket** 담요   **pillow** 베개
anything else 다른 것   **be right back** 곧 돌아오다

⑤ 방이 너무 더워요. 온도 좀 내려 주실 수 있어요?

① 이 버튼을 누르면 난방을 조절할 수 있지요. 저 파란 버튼은 온수를 위한 거예요. 샤워하고 싶을 때 누르면 돼요. 잠자리는 편안한가요?

⑤ 이불이 푹신해서 잠이 잘 올 것 같아요. 베개는 좀 부드러운 걸로 부탁드릴게요.   **①** 알겠어요. 뭐 더 필요한 거 있어요?

⑤ 헤어 드라이기 있나요?   **①** 베개와 헤어 드라이기를 곧 갖다 줄게요.

with MP3

외국인과의 용감한 대화

⑤ The room is a little hot. Can you **turn down** the heat?

① You can control the heat with this button.
That blue button is for the hot water.
You can push it when you want to **take a shower**.
Is your bed **comfortable**?

⑤ I think I am going to sleep well because the **blanket** is
so soft and **comfortable**.
Would it be possible to get a softer **pillow**?

① Sure, no problem. Is there **anything else** you need?

⑤ Do you have a hair dryer?

① I will **be right back** with your **pillow** and hair dryer.

● 여기까지 오는 데 어려웠나요?　　● 길눈이 정말 밝으신가 봐요.　　● 먼 길 오느라 피곤했죠.　　● 그럼 쉬어요.
● 필요한 게 있으면 언제든 알려 주세요.　　● 간식 좀 먹을래요?　　● 매운 음식 잘 먹을 수 있어요?
● 한국 음식에는 매운 게 많아요.　　● 김을 먹어 봤어요?　　● 한식 맛에 빠지게 될 거예요.　　● 잠자리는 편안한가요?
● 편안하게 지내요.

- Did you have trouble finding your way here?

- You must have a good sense of direction.

- I am sure you must be tired from your trip.

- I will let you rest.

- Please let me know if you need anything.

- Would you like a snack?

- Can you eat spicy food?

- There are many spicy dishes in Korea.

- Did you try the seaweed?

- You can get hooked on the taste of Korean food.

- Is your bed comfortable?

- Please make yourself at home.

8

외국인에게 관광 안내를 해 줘야 한다

나에겐 페북으로 친해진 외국 친구가 있어요. 일상 얘기를
주고받으며 친해졌는데 그 친구가 관광차 한국에 온대요.
무지 반갑겠다고요? 난 읽고 쓰는 영어가 더 익숙하다고요!
요즘 밤마다 내 입에 재갈이 물려져 있는 꿈을 꾸요.
난 그 친구에게 관광 안내도 해 줘야 하는데……
이런 회화 공포증, 어떻게 치료하죠?

서울 압구정동 P씨(24세, 대학생)

help me!

외국인들이 가장 감명 깊게 보는 건 뭐니뭐니 해도 우리나라의 궁궐이에요. 대표적인 궁궐 경복궁을 안내해 볼까요? 수문장 교대식부터 소개하세요.

내가 할 수 있는 말!

This is Gwanghwamun, the main gate to Gyeonbokgung.

Every hour, there is a Changing of the Guard Ceremony.

It's really worth seeing. Let's go see!

There is an English audio guide near the ticket office.

I can rent it for you.

🄵 우리 경복궁에 도착한 건가요?   🄸 이건 광화문이에요. 경복궁의 정문이죠. 저건 흥례문이에요. 매시간마다 저기에서 수문장 교대식이 열리죠. 정말 볼 만해요. 가서 봐요!

🄵 버킹엄 궁전의 근위병 교대식 같은 건가요?   🄸 네, 비슷해요.

🄵 경복궁에 대해 설명해 줄 수 있어요?   🄸 매표소 근처에 영어 오디오 가이드가 있어요. 빌려 올게요.

🄵 Are we at Gyeonbokgung?

🄸 This is Gwanghwamun, the main gate to Gyeonbokgung. That's Heungraemun.
Every hour, there is a Changing of the Guard Ceremony. It's really worth seeing. Let's go see!

🄵 Is it like the Changing of the Guard at Buckingham Palace?

🄸 Yes, it's similar.

🄵 Can you tell me about Gyeonbokgung?

🄸 There is an English audio guide near the ticket office. I can rent it for you.

관광지에 관한 정보를 설명해 주면 외국인 친구가 좋아할 거예요. 예를 들면 명칭의
의미라든가. 몰라도 걱정 마세요. 어딜 가든 영어 안내문은 다 있으니까요.

내가 할 수 있는 말!

Gyeonbok means 'greatly blessed by heaven'.

Gyeonbokgung was the most important palace of the Chosun Dynasty.

Actually, I did a little research.

We need a guide map.

There is a lot of information in the map.

Let's go to the information center to get one.

(F) 경복궁은 무슨 의미예요?   **(I)** 경복은 "하늘로부터 크게 복을 받았다"는 뜻이에요. 궁은 '궁전'을 뜻하고요. 경복궁은 조선 왕조의 가장 중요한 궁궐이었어요.

(F) 와우! 당신은 경복궁에 대해 잘 아는군요.   **(I)** 사실 조사를 좀 했어요.

(F) 이 길을 따라가면 되나요?   **(I)** 안내 지도가 필요해요. 지도에 많은 정보가 있을 거예요. 안내 센터에 가서 하나 가져오죠.

with MP3

외국인과의 용감한 대화

(F) What does Gyeonbokgung mean?

(I) Gyeonbok means 'greatly blessed by heaven'.
Gung means 'palace'.
Gyeonbokgung was the most important palace of the Chosun Dynasty.

(F) Wow, you really know a lot about Gyeonbokgung.

(I) Actually, I did a little research.

(F) Do we need to go this way?

(I) We need a guide map.
There is a lot of information in the map.
Let's go to the information center to get one.

외국인 친구가 한국의 기념품을 사야 한다면 인사동에 데려가 보는 건 어떨까요?
인사동을 영어로 안내하는 건 의외로 간단해요.

내가 할 수 있는 말!

You can experience traditional Korean culture here.

There are many stores that sell interesting items here.

The street food is really good too.

Do you see anything you want to eat?

Let's go to Ssamzie Street first.

hint
experience 경험하다   item 품목   street food 길거리 음식

- ⓕ 여기에는 정말 많은 사람들이 있네요.   ⓘ 인사동은 정말 유명해요. 한국 전통 문화를 체험할 수 있지요.
- ⓕ 가게가 정말 많군요.   ⓘ 이곳에는 재미있는 물건을 파는 가게들이 많아요. 길거리 음식도 정말 맛있지요. 먹고 싶은 거 발견했어요?
- ⓕ 아직 발견 못했어요. 그런데 저는 여기서 기념품을 좀 사야겠어요.   ⓘ 그럼 먼저 쌈지길부터 가요.

with MP3

외국인과의 용감한 대화

ⓕ There are a lot of people here.

ⓘ Insadong is a very famous place.
You can **experience** traditional Korean culture here.

ⓕ There are so many shops.

ⓘ There are many stores that sell interesting **items** here.
The **street food** is really good too.
Do you see anything you want to eat?

ⓕ I don't see anything yet.
But, I think I will buy some souvenirs from here.

ⓘ Then let's go to Ssamzie Street first.

남산에 올라가는 건 서울 관광에서 빼놓을 수 없어요. 가는 길에 명동도 들러 보세요.
남산에는 맑은 날 올라가는 게 좋을 거예요. 서울의 광경을 한눈에 보려면.

내가 할 수 있는 말!

Let's go to Seoul Tower.

You can get a great panoramic view of
the city.

We can walk or take the cable car.

Myeongdong is famous for shopping.

We can drop by Myeongdong on our
way to Seoul Tower.

The view of the city from Seoul Tower at
night is really beautiful.

F 다음에는 우리 어디 갈까요?

I 서울 타워에 가요. 도시 전경을 볼 수 있어요. 걸어 올라가도 되고 케이블카를 타도 돼요. 케이블카는 정말 재미있어요.

F 명동도 유명하지 않아요?　　**I** 명동은 쇼핑으로 유명해요. 노점상들이 많이 있지요. 서울 타워 가는 길에 명동에 들르면 돼요.

F 서울 타워에는 밤에 도착하겠네요.　　**I** 서울 타워에서 보는 야경은 정말로 멋져요.

외국인과의 용감한 대화

F Where should we go next?

I Let's go to Seoul Tower.
You can get a great **panoramic view** of the city.
We can walk or take the cable car.
The cable car is pretty fun.

F Isn't Myeongdong famous too?

I Myeongdong is famous for shopping.
There are many **street vendors.**
We can **drop by** Myeongdong on our way to Seoul Tower.

F Then we will probably get to Seoul Tower at night.

I The view of the city from Seoul Tower at night is really beautiful.

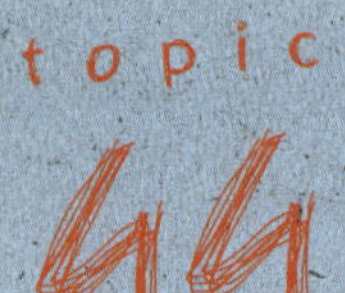

서울에서 외국인이 많은 곳 하면 홍대를 빼놓을 수 없죠. 다양한 사람들로 붐비는 홍대에 가 보면 외국인 친구와 할 수 있는 이야깃거리가 많이 생길 거예요.

내가 할 수 있는 말!

Where are some places that you want to visit in Seoul?

Hongdae street is the area that surrounds Hongik University.

There are many clothing stores that sell original designs.

Many young people like to hang out there.

It's easy to lose track of time there.

Ⓘ 서울에서 가고 싶은 곳이 어디예요?　Ⓕ 홍대 거리가 꽤 유명하다고 들었어요. 뭐가 유명한 거예요?

Ⓘ 홍대 거리는 홍익대 주변을 둘러싼 지역이에요. 많은 인디 밴드가 거기서 공연해요. 독창적인 디자인의 옷들을 파는 옷가게도 많이 있죠. 젊은 사람들은 그곳에 놀러 가기를 좋아해요. 그곳에서는 시간 가는 줄 모를걸요.　Ⓕ 홍대에 한번 가고 싶네요.

Ⓘ 같이 가요. 좋아할 거예요.

with MP3

외국인과의 용감한 대화

Ⓘ Where are some places that you want to visit in Seoul?

Ⓕ I heard Hongdae Street is pretty famous.
What is it famous for?

Ⓘ Hongdae Street is the area that surrounds Hongik University.
Many Indie Rock bands perform there.
There are many clothing stores that sell original designs.
Many young people like to hang out there.
It's easy to lose track of time there.

Ⓕ I'd like to go to Hongdae Street.

Ⓘ Let's go together. You're going to like it.

서울에 대해서 더 이상 할 말이 없다고요? 그럼 부산을 소개해 보는 건 어때요?
부산에 가 보지 않았는데 부산에 대해 말할 수 있을까요? 한번 연습해 보세요.

with MP3

내가 할 수 있는 말!

Have you visited many places in Korea?

Have you been to Haeundae?

Haeundae is the largest beach in Korea.

Busan is very famous for delicious food.

It's also famous for the Busan International Film Festival.

It takes place in October.

ⓘ 한국에서 많은 곳을 가 봤어요?   ⓕ 네. 주말마다 돌아다니려고요. 지난 주말에는 부산에 갔었어요.
ⓘ 해운대에 가 봤어요? 해운대는 한국에서 제일 큰 해변이에요.   ⓕ 네. 해운대는 정말로 좋았어요.
ⓘ 해운대에서 보는 바다 풍경은 정말 멋지죠. 또 부산은 맛있는 음식으로 유명해요.
ⓕ 부산에서 또 유명한 건 뭐예요?   ⓘ 부산 국제 영화제가 유명해요. 10월에 열리죠.

with MP3

외국인과의 용감한 대화

ⓘ Have you visited many places in Korea?

ⓕ Yes. I try to go somewhere every weekend.
Last weekend, I went to Busan.

ⓘ Have you been to Haeundae?
Haeundae is the largest beach in Korea.

ⓕ Yes. I really liked Haeundae.

ⓘ Haeundae offers a fantastic view of the sea.
And Busan is very famous for delicious food.

ⓕ What else is Busan famous for?

ⓘ It's also famous for the Busan International Film
Festival. It takes place in October.

#8 외국인에게 관광 안내를 해 줄 때 **비법의 핵심 문장!!**

정말 볼 만해요.   매표소 근처에 영어 오디오 가이드가 있어요   지도에 많은 정보가 있을 거예요.
안내 센터에 가서 하나 가져오죠.   여기서 한국 전통 문화를 체험할 수 있지요.   먹고 싶은 거 발견했어요?
도시 전경을 볼 수 있어요.   서울 타워 가는 길에 명동에 들르면 돼요.   서울에서 가고 싶은 곳이 어디예요?
그곳에서는 시간 가는 줄 모를걸요.   한국에서 많은 곳을 가 봤어요?

- It's really worth seeing.

- There is an English audio guide near the ticket office.

- There is a lot of information in the map.

- Let's go to the information center to get one.

- You can experience traditional Korean culture here.

- Do you see anything you want to eat?

- You can get a great panoramic view of the city.

- We can drop by Myeongdong on our way to Seoul Tower.

- Where are some places that you want to visit in Seoul?

- It's easy to lose track of time there.

- Have you visited many places in Korea?

한국 역사·문화를 영어로 설명해야 한다

외국 친구가 이순신 장군이 누구냐고 물어봐요.
겨우겨우 간단한 일상회화로 연명하고 있던 나에게는 날벼락이었죠.
역사와 문화에 대한 설명은 최고난이도의 영어인데 저는 정말
자신이 없어요. 자유자재로 영어를 말할 수 있는 사람만
가능한 설명 아닌가요? 네? 정말인가요?
단순하고 쉬운 영어 표현으로도 설명 가능하다고요?

분당 S씨(26세, 취업준비생)

외국인의 관광 코스 1순위인 광화문에서 동상을 보며 이순신 장군에 대해 말해 볼까요? 할 말은 산더미겠지만 핵심적인 내용만 잘 추려서 설명해 보세요.

내가 할 수 있는 말!

It's a statue of Admiral Yi Sun-Shin.

Admiral Yi is admired and respected by Koreans.

He defeated the Japanese when they invaded Korea in 1592.

He won all the 23 battles that he commanded.

He is a hero that saved our country.

F 광화문 광장 입구에 있는 동상은 누구 동상이에요?　　**I** 이순신 장군의 동상이에요.

F 이름은 들어 본 것 같아요.　　**I** 이순신 장군은 한국 사람들이 칭송하는 위인이에요. 그는 1592년 일본의 침략을 막아냈지요.
임진왜란에서요. 그는 23번의 전투를 지휘했고 모두 이겼어요.

F 정말 대단한 업적이네요.　　**I** 나라를 구한 영웅이지요. 해군의 전설이에요.

with MP3

외국인과의 용감한 대화

F Whose **statue** is that in front of Gwanghwamun Plaza?

I It's a **statue** of Admiral Yi Sun-Shin.

F I think I have heard his name before.

I Admiral Yi is **admired** and **respected** by Koreans.
He **defeated** the Japanese when they **invaded** Korea in
1592. The war is called the Imjin war.
He won all the 23 **battles** that he **commanded**.

F Wow! That really is a great **accomplishment**.

I He is a hero that saved our country.
He is also a legend in the **naval** history of Korea.

우리나라의 위인 중에 세종대왕을 빼놓을 수 없죠. 그 많은 업적을 다 설명할 수는 없겠지만 한글 창제만이라도 제대로 설명해야 할 것 같아요.

with MP3

내가 할 수 있는 말!

He created Hangul, the Korean alphabet.

We call him King Sejong The Great.

It was very difficult to learn the Chinese characters.

After Hangul was introduced, all Korean people can easily learn to read and write.

You can learn Hangul in one day.

ⓕ 세종은 어떤 업적을 남긴 왕이에요?   ⓘ 그는 한국의 글자인 한글을 만들었어요. 우리는 그를 세종대왕이라고 불러요.
ⓕ 한글에 대해 설명해 줄 수 있어요?   ⓘ 한글은 1446년에 반포되었죠. 그 이전에 한국에서는 한자가 사용되었어요. 한자는
배우기에 어려운 글자였어요. 한글이 반포된 뒤, 한국 사람들은 읽고 쓰기를 쉽게 배울 수 있죠.
ⓕ 나도 배울 수 있을까요?   ⓘ 당연하죠. 하루면 배울 수 있어요. 완전히 표음문자거든요.

with MP3

외국인과의 용감한 대화

ⓕ **What did King Sejong achieve?**

ⓘ **He created Hangul, the Korean alphabet.
We call him King Sejong The Great.**

ⓕ **Can you tell me about Hangul?**

ⓘ **Hangul was introduced in 1446.
Before then Chinese characters were used in Korea.
It was very difficult to learn the Chinese characters.
After Hangul was introduced, all Korean people can
easily learn to read and write.**

ⓕ **Do you think I can learn?**

ⓘ **Of course! You can learn Hangul in one day.
It's very phonetic.**

독도에 대해 외국 사람한테 설명할 수 있어야겠어요. 내가 할 수 있는 범위 안에서 최대한 정확하고 간결하고 논리적으로 말이에요.

내가 할 수 있는 말!

In 1910, Japan annexed Korea by force.

At that time, they also included Dokdo as part of their territory.

But after World War II, Korea gained independence from Japan.

Dokdo is part of Korea.

Dokdo is recorded in Korean history as far back as 512 AD.

🄸 저는 일본이 독도가 자기네 땅이라고 주장하는 게 화가 나요.　🄵 근거가 있는 건가요?

🄸 전혀 없어요. 1910년에 일본이 우리나라를 강제로 합병했어요. 그리고 독도도 자신의 영토로 삼았어요. 하지만 제2차 대전 뒤에 한국은 일본으로부터 독립했어요. 그래서 독도는 한국 땅인데도 일본은 여전히 자기 땅이라고 우겨요. 참고로 독도는 서기 512년부터 한국 역사에 기록되었어요.

with MP3

외국인과의 용감한 대화

🄸 I am angry with that Japan is **claiming** that Dokdo is part of Japan.

🄵 Do they have any **evidence**?

🄸 There is no **evidence**.
In 1910, Japan **annexed** Korea **by force**.
At that time, they also included Dokdo as part of their **territory**.
But after World War II, Korea **gained independence** from Japan.
So, Dokdo is part of Korea.
But Japan is **claiming** that it's theirs.
In addition, Dokdo is recorded in Korean history **as far back as** 512 AD.

한국에 사는 우리는 한류를 잘 실감하지 못하지만 외국에서 한국 연예인들의 인기는 대단한가 봐요. 한류에 대해 할 말을 연습해 두어야겠어요.

내가 할 수 있는 말!

Are you familiar with any Korean dramas, movies, or music?

I really didn't think that song would become so famous.

I have heard that Korean pop culture is very popular in Asia.

That is called *Hallyu*.

Hallyu means Korean Wave.

ⓘ 한국 드라마나 영화, 음악 중에 아는 거 있어요?   ⓕ '강남스타일' 들어 봤어요. 노래와 춤이 마음에 들어요.

ⓘ 전 사실 그 노래가 세계적으로 그렇게 인기를 끌 줄은 몰랐어요.

ⓕ 제 친구들 중에 한국 가수와 그룹을 좋아하는 사람이 많은걸요. 한국 영화감독을 좋아하는 친구도 있어요.

ⓘ 특히 아시아에서 한국 대중 문화의 인기가 높다고 들었어요. 그걸 한류라고 해요. 한국의 물결이라는 뜻이죠.

with MP3

외국인과의 용감한 대화

ⓘ **Are** you **familiar with** any Korean dramas, movies, or music?

ⓕ I **am familiar with** 'Gangnam Style.'
I like the music and the dance.

ⓘ I really didn't think that song would become so famous **all over the world**.

ⓕ Many of my friends like Korean musicians and music groups.
My friends also like a few Korean movie directors too.

ⓘ I've heard that Korean pop culture is very popular in Asia. That's called *Hallyu*, which means Korean **Wave**.

한국의 자랑스러운 음식은 뭐니뭐니 해도 발효 식품이죠. 발효 식품을 영어로 뭐라고 할까요? 외국인에게 된장이나 김치에 대해서 소개해 보도록 해요.

내가 할 수 있는 말!

How is the Kimchi?

Kimchi is a fermented food.

Fermented food is very good for you.

There are more than a hundred different varieties.

Korea is famous for Kimchi.

Doenjangjjigae is an everyday food in Korea.

외국인과의 용감한 대화

ⓘ **How is the Kimchi?**

ⓕ **It was a little spicy at first, but I'm getting used to the taste.**

ⓘ **Kimchi is a fermented food, and fermented food is very good for you.**

ⓕ **I noticed there are many varieties of Kimchi.**

ⓘ **Yes, and there are more than a hundred different varieties. Korea is famous for Kimchi.
How is the Doenjangjjigae?
Doenjang is a fermented food too.**

ⓕ **I wasn't used to the smell at first, so it was a little hard to eat. But now I really like it.**

ⓘ **Doenjangjjigae is an everyday food in Korea.**

사실 외국인들에게는 북한이 더 유명할 수 있어요. 외국 뉴스에서 더 많이 보도하는 건
북한이거든요. 북한에 대해서도 스스럼없이 영어로 이야기해 볼까요?

내가 할 수 있는 말!

Are you afraid that North Korea will
declare war on South Korea?

Engaging in war is scary.

We just need to continue with our daily
lives.

Don't worry too much.

North Korea is not going to attack
South Korea easily.

Ⓕ 우리 할아버지가 한국 전쟁에 참전하셨어요. 그래서 제가 한국에 있는 걸 염려하세요.

Ⓘ 북한이 남한에 전쟁을 선포할까 봐 두려워요?

Ⓕ 네. 북한이 가끔 남한을 위협하잖아요. 그런데 한국 사람들은 별로 걱정하지 않는 것 같아요.

Ⓘ 전쟁은 무섭지만 개인이 할 수 있는 건 별로 없잖아요. 우리는 그냥 일상생활을 해야죠. 너무 걱정하지 마세요. 북한이 남한을
그렇게 쉽게 공격하진 못할 거예요.

with MP3

외국인과의 용감한 대화

Ⓕ My grandfather **fought** in the Korean War.
That's why he **worries about** me being in Korea.

Ⓘ Are you afraid that North Korea will **declare** war on
South Korea?

Ⓕ Yes. North Korea **threatens** South Korea sometimes.
But the Korean people don't seem to worry.

Ⓘ **Engaging** in war is **scary,** but there isn't much we as
individuals can do.
We just need to continue with our daily lives.
Don't worry too much.
North Korea isn't going to **attack** South Korea easily.

- 이순신 장군은 한국 사람들이 칭송하는 위인이에요.
- 그는 1592년 일본의 침략을 막아냈지요.
- 그는 23번의 전투를 지휘했고 모두 이겼어요.
- 우리는 그를 세종대왕이라고 불러요.
- 그는 한국의 글자인 한글을 만들었어요.
- 독도는 한국 땅이에요.
- 독도는 서기 512년부터 한국 역사에 기록되었어요.
- 한국 드라마나 영화, 음악 중에 아는 거 있어요?
- 김치는 발효 식품이에요.
- 된장찌개는 일상적인 한국의 음식이에요.
- 북한이 남한을 그렇게 쉽게 공격하진 못할 거예요.

- Admiral Yi is admired and respected by Koreans.

- He defeated the Japanese when they invaded Korea in 1592.

- He won all in the 23 battles that he commanded.

- We call him King Sejong The Great.

- He created Hangul, the Korean alphabet.

- Dokdo is part of Korea.

- Dokdo is recorded in Korean history as far back as 512 AD.

- Are you familiar with any Korean dramas, movies, or music?

- Kimchi is a fermented food.

- Doenjangjjigae is an everyday food in Korea.

- North Korea isn't going to attack South Korea easily.

3일 뒤

당신이 맞닥뜨릴 긴급 상황에 적용할 수 있는 스몰 토크

처음 만나도
할 수 있는
날씨 이야기

외국인과 단 둘이 엘리베이터를 타게 됐어요.
침묵의 시간이 흘렀죠. 그런데 외국인이 갑자기 "The weather is
beautiful today!"라고 말을 건네는 게 아니겠어요.
아, 이게 바로 스몰 토크구나. 모르는 사람끼리도 나눌 수 있다는
사소한 대화. 대답해 주고 싶었는데 이미 굳어 버린 내 입에서는
아무 소리도 나가지 않았어요. 흑흑.

부천 G씨(33세, 직장인)

화창한 날씨에는 어디든지 놀러가고 싶은 게 당연하죠. 놀러가고 싶은 마음을
표현하려면 어떻게 해야 할까요? 주말 계획도 물어보도록 해요.

내가 할 수 있는 말!

The weather is beautiful today!

The sun is very warm.

It feels like spring came early this year.

It's a great day to go somewhere.

But we are stuck in our office.

Do you have any plans for the weekend?

ⓘ 오늘 날씨가 참 좋죠?   ⓕ 정말 그래요.
ⓘ 햇볕이 따뜻해요. 올해에는 봄이 일찍 온 것 같아요. 이런 날은 놀러 나가야 하는데요. 하지만 사무실에 박혀 있네요.
ⓕ 주말까지 날씨가 좋으면 좋겠어요. 주말에 나들이 가면 좋을 것 같아요.
ⓘ 그러면 정말 좋겠네요. 주말에 무슨 계획이 있나요?   ⓕ 그렇지도 않아요.

with MP3

외국인과의 용감한 대화

ⓘ The weather is beautiful today!

ⓕ It really is!

ⓘ The sun is very warm.
It feels like spring came early this year.
It's a great day to go somewhere.
But we are stuck in the office.

ⓕ I hope the weather stays nice through the weekend.
It would be great to go on an outing over the weekend.

ⓘ That would be really great!
Do you have any plans for the weekend?

ⓕ Not really.

비 올 것같이 흐린 날에는 비를 주제로 이야기를 시작해 보세요. 비가 올 것 같으면 우산을 가져왔는지가 가장 큰 관심거리일 거예요.

내가 할 수 있는 말!

The sky is so cloudy.

Did you bring an umbrella?

There is a pretty good chance that it will rain today.

I have two umbrellas.

You can borrow an umbrella if it rains.

I 하늘이 많이 흐리네요.   **F** 금방이라도 비가 올 것 같아요.
I 우산 가져오셨어요?   **F** 우산 가져오는 걸 깜빡했네요. 비가 안 오길 바라야죠. 일기예보에서 비 올 확률이 60%라고 했거든요.
I 비 올 가능성이 크네요. 걱정 마세요. 저한테 우산이 두 개 있으니까 한 개 빌려 드릴 수 있어요.

with MP3

외국인과의 용감한 대화

I The sky is so cloudy.

F It looks like it is going to rain soon.

I Did you bring an umbrella?

F I forgot to bring an umbrella. I hope it doesn't rain.
The weather report did say there is a 60% chance of
rain today.

I There is a pretty good chance that it will rain today.
Don't worry. I have two umbrellas.
You can borrow an umbrella if it rains.

비 오는 날에는 특히 이야깃거리가 많아요. 비를 맞아서 옷이 젖은 것, 비가 좋거나
싫은 이유 등등. 모두 영어로 말해 볼까요?

with MP3

내가 할 수 있는 말!

It's raining a lot today.

The umbrella doesn't seem to be helping.

I don't think the rain will stop soon.

I have noticed the weather report is not very accurate these days.

I actually like rainy days.

I like the sound of raindrops.

ⓘ 비가 정말 많이 오네요. 우산을 써도 소용없어요.　ⓕ 옷과 가방이 다 젖었어요.
ⓘ 비가 금방 그칠 것 같지 않아요.　ⓕ 일기예보에서 오늘 비가 올 거라고 하지 않았어요.
ⓘ 요즘 일기예보가 종종 잘 안 맞는 것 같아요.　ⓕ 저는 비 오는 날을 별로 안 좋아해요. 우울해지는 것 같아서요.
ⓘ 그래도 저는 비 오는 날이 좋아요. 빗방울 소리가 듣기 좋거든요.

with MP3

외국인과의 용감한 대화

ⓘ It's raining a lot today.
The umbrella doesn't seem to be helping.

ⓕ My clothes and bag are all wet.

ⓘ I don't think the rain will stop soon.

ⓕ The weather report didn't say it was going to rain today.

ⓘ I have noticed the weather report is not very **accurate** these days.

ⓕ I really don't like rainy days.
It makes me feel a little sad.

ⓘ I actually like rainy days. I like the sound of **raindrops**.

더운 날씨에는 에어컨과 지구온난화를 이야깃거리로 삼을 수도 있어요.
날씨 이야기는 대화가 끊기지 않고 나올 수 있는 소재예요.

with MP3

내가 할 수 있는 말!

It's really hot these days, isn't it?

Global warming must be getting worse.

We should not use the air conditioner.

I set the temperature to 27 or 28 degrees.

We need to think about the future.

hint
global warming 지구온난화   get worse 점점 나빠지다   environmentally 환경보호적으로
air conditioner 에어컨   turn on 켜다   temperature 온도   care about ~ ~에 마음을 쓰다, ~에 관심을 가지다

Ⓘ 요즘 정말 덥죠?   Ⓕ 작년 여름보다 더 더운 것 같아요.   Ⓕ 너무 더워서 에어컨을 틀 수밖에 없어요.
Ⓘ 지구온난화가 심각해지나 봐요. 환경을 생각하면 에어컨을 틀지 말아야 하는데.   Ⓕ 환경을 많이 생각하시는군요.
Ⓘ 저는 항상 27도나 28도에 맞춰 틀어요.
Ⓘ 미래를 위해서죠.

with MP3

외국인과의 용감한 대화

Ⓘ It's really hot these days, isn't it?

Ⓕ I think it's hotter this summer than last summer.

Ⓘ Global warming must be getting worse.
If we want to be environmentally friendly, we really
shouldn't use the air conditioner.

Ⓕ But it's so hot! We need to turn the air conditioner on.

Ⓘ When I turn the air conditioner on, I set the temperature
to 27 or 28 degrees.

Ⓕ I can tell that you really care about the environment.

Ⓘ We need to think about the future.

추울 때에도 할 얘기는 많아요. 서로 옷차림도 걱정해 주고 각각 자신의 나라에서의 겨울 추위를 비교해 볼 수도 있어요.

with MP3

내가 할 수 있는 말!

The wind is so cold.

I feel like my ears are going to fall off.

You really need a scarf on days like this.

Why don't you have more clothes on?

How cold does it get in your country?

Wow, that is really cold!

ⓘ 바람이 너무 차요. 귀가 떨어져 나갈 것 같아요. 이런 날씨에는 목도리를 꼭 해야 해요.   ⓕ 저는 별로 안추워요.

ⓘ 옷을 좀 더 껴입는 건 어때요?   ⓕ 전 추위를 별로 안 타거든요. 우리나라에서는 이 정도는 별로 안 추운 거예요.

ⓘ 당신 나라는 얼마나 춥나요?   ⓕ 화씨 영하 5도 정도요. 섭씨로 영하 20도 정도예요.

ⓘ 정말 추운 곳이군요.

with MP3

외국인과의 용감한 대화

ⓘ The wind is so cold.
I feel like my ears are going to **fall off.**
You really need a scarf on days like this.

ⓕ I don't think it's that cold.

ⓘ **Why don't you** have more clothes on?

ⓕ I don't get cold very often.
In our country, this isn't that cold.

ⓘ How cold does it get in your country?

ⓕ It gets to about minus 5 **degrees Fahrenheit.**
That's about minus 20 **degrees Celsius.**

ⓘ Wow, that's really cold!

눈 오는 날에는 무슨 이야기를 꺼내면 좋을까요? 어린 시절의 추억이나 교통 문제에 대해 이야기하면 무난할 것 같아요.

with MP3

내가 할 수 있는 말!

Look at the big snowflakes!

Do you like it when it snows?

When it snows, the first thing I think about is the traffic congestion.

I like it when it snows.

I just don't like it when it piles up!

Ⓘ 함박눈이 내리네요.　Ⓕ 눈이 오면 세상이 평화로워 보이는 것 같아요.
Ⓘ 눈 오는 걸 좋아하세요?　Ⓕ 물론이죠. 어렸을 때는 눈이 오면 신나게 놀았어요. 눈사람도 만들고, 눈싸움도 하고요.
Ⓘ 저는 눈이 오면 차 막히는 걸 제일 먼저 걱정해요.　Ⓕ 이런! 동심을 잃지 말아요.
Ⓘ 눈이 오는 건 좋아해요. 쌓이는 걸 싫어하죠.

with MP3

외국인과의 용감한 대화

Ⓘ Look at the big **snowflakes**!

Ⓕ When it snows, the whole world looks **peaceful.**

Ⓘ Do you like it when it snows?

Ⓕ Yes, I do! When I was young, we had a lot of fun when it snowed. We made **snowmen** and had **snowball fights**!

Ⓘ When it snows, the first thing I think about is the traffic congestion.

Ⓕ Oh no! Don't lose your **innocence.**

Ⓘ I like it when it snows.
I just don't like it when it **piles up**!

한국에만 있는 날씨 현상을 설명해 볼까요? '꽃샘추위'처럼 특이한 현상에 대해 말해 주면 정말 재미있을 거예요. 상대방 나라의 요즘 날씨도 물어보세요.

내가 할 수 있는 말!

It's a little cold in Seoul, isn't it?

Did you bring warm clothes?

We have a last cold spell in spring.

'Kkot-saem-chu-ui' means that winter is jealous of all the blooming flowers.

So winter brings the cold weather back.

What's the weather like in your country these days?

hint
'spell 마법, 기간, 철자를 말하다   jealous of ~ ~을 질투하다   blooming 꽃이 핀   explanation 설명

ⓘ 서울 날씨가 좀 춥죠? 따뜻한 옷 갖고 왔어요?   ⓕ 네. 추워진다는 얘길 들어서 따뜻한 옷 몇 벌을 가져왔어요.

ⓘ 한국은 봄에 추울 때가 있어요. 그걸 '꽃샘추위'라고 부르죠. '꽃샘추위'는 겨울이 피어나는 꽃을 시샘한다는 의미예요. 그래서
겨울이 추운 날씨를 다시 부르는 거죠.   ⓕ 멋진 설명이네요.

ⓘ 당신 나라는 요즘에 날씨가 어때요?   ⓕ 비도 약간 오고, 약간 흐리지만 그래도 따뜻해요.

외국인과의 용감한 대화

ⓘ **It's a little cold in Seoul, isn't it?**
Did you bring warm clothes?

ⓕ **Yes, I heard it can get cold, so I brought some warm**
clothes.

ⓘ **We have a last cold spell in spring.**
We call it 'Kkot-saem-chu-ui'.
'Kkot-saem-chu-ui' means that winter is jealous of all
the blooming flowers.
So winter brings the cold weather back.

ⓕ **That's a really beautiful explanation.**

ⓘ **What's the weather like in your country these days?**

ⓕ **It's a little rainy and a little cloudy but warm.**

#1

- It feels like spring came early this year.

- It's a great day to go somewhere.

- The sky is so cloudy.

- It's raining a lot today.

- Did you bring an umbrella?

- I like the sound of raindrops.

- It's really hot these days, isn't it?

- Global warming must be getting worse.

- Look at the big snowflakes!

- You really need a scarf on days like this.

- Why don't you have more clothes on?

- What's the weather like in your country these days?

2 동네와 가족 이야기로 조금 더 친해지기

동아리 모임에 나가 외국인을 알게 됐어요
일단 자기소개를 했죠. 그다음에 말문이 막히는 거예요.
그렇지! 가족 관계나 한국에서 사는 동네를 물어보면 될 것 같았어요.
하지만 "형제가 있나요?"라는 말을 어떻게 할까요?
그리고 동네 이야기는 어떻게 시작하죠?
머릿속에서 온갖 단어들이 그만 다 뒤섞여 버렸어요.

서울 신촌 A씨(36세, 직장인)

고향에 대해 물어보세요. 태어나고 자란 곳은 어떤 곳인지 물어봐 주는 건 관심의 표현일 것 같아요. 그리고 내 고향에 대해서도 말할 수 있어야겠죠.

with MP3

내가 할 수 있는 말!

Where is your hometown?

Where did you live before you came to Korea?

What is New Jersey famous for?

I have not visited America yet.

However, one day I hope to visit.

hint
hometown 고향   be born in ~ ~에서 태어나다   spent 보내다, 소비하다, spend의 과거   childhood 어린 시절
since ~ ~이후로, 때문에   specific 구체적인, 명확한   one day 언젠가

Ⓘ 고향은 어디예요?   **Ⓕ** 애틀란타에서 태어났어요. 거기서 어린 시절을 보냈죠.
Ⓘ 한국에 오기 전에는 어디에 살았어요?   **Ⓕ** 뉴저지요. 20살 이후로는 뉴저지에서 살고 있어요.
Ⓘ 뉴저지는 뭘로 유명해요?   **Ⓕ** 딱히 유명한 건 없어요. 조용하고 평화로운 곳이죠. 미국에 가 본 적 있어요?
Ⓘ 아직 못 가 봤어요. 하지만 언젠가 한번 꼭 가 보고 싶어요.

외국인과의 용감한 대화

Ⓘ Where is your hometown?

Ⓕ I was born in Atlanta, and I spent my childhood there.

Ⓘ Where did you live before you came to Korea?

Ⓕ I was living in New Jersey.
I have lived in New Jersey since I was 20 years old.

Ⓘ What is New Jersey famous for?

Ⓕ There isn't anything specific that New Jersey is famous
for. It's a very quiet and peaceful place.
Have you been to America?

Ⓘ I have not visited America yet.
However, one day I hope to visit.

한국에서 지내는 동네는 어떤지 물어보면 어떨까요? 우리 동네에 대해서도 얘기해
주면 계속 대화를 이어 나갈 수 있을 거예요.

내가 할 수 있는 말!

Where are you living in Korea?

How do you like it there?

I live in Jongno area.

I have lived there my whole life.

The air is very fresh.

There are many places to go for a walk.

❶ 한국에서는 어디에서 지내고 있어요?   **❺** 홍익대 근처에서 살고 있어요.   **❶** 거기는 살기 어때요?
❺ 교통도 편리하고 회사와 가까워서 좋아요. 주변에 친구들도 많이 살아서 외롭지 않죠. 어디 사세요?
❶ 저는 태어나서부터 지금까지 종로에 살고 있어요. 우리 동네 근처에는 인왕산이 있어요. 공기도 좋고 산책할 곳도 많아요.

외국인과의 용감한 대화

❶   Where are you living in Korea?

❺   I live near Hongik University.

❶   How do you like it there?

❺   Public transportation is very good.
And it's very close to my work.
Many of my friends live nearby, so I don't get lonely.
Where do you live?

❶   I live in Jongno area. I have lived there my whole life.
Inwang Mountain is near my home.
The air is very fresh, and there are many places to go for
a walk.

help me!

주택? 아파트? 한옥? 어떤 종류의 집에 사는지 물어보는 표현을 연습해 봐요. 집의 장단점, 집 구하는 어려움 등 많은 이야기들과 연결시킬 수 있어요.

with MP3

내가 할 수 있는 말!

Do you live in a house or an apartment?

I bet it's difficult to maintain a traditional Korean-style house.

Isn't it more convenient to live in an apartment?

Did you have a hard time finding your apartment?

It really is hard to find housing with all the right conditions.

hint

bet 돈을 걸다. 틀림없다 **maintain** 유지하다. 지키다 **convenient** 편리한. 간편한 **monthly** 달마다
maintenance fee 관리비 **right condition** 적합한 조건

ⓘ 주택에 살아요. 아파트에 살아요? ⓕ 아파트에 살고 있어요. 그런데 사실 저는 한옥에서 살아 보고 싶었어요.
ⓘ 한옥은 관리하기가 어려울 거예요. 아파트가 좀 더 편리하지 않을까요? ⓕ 네. 달마다 관리비만 내면 되니까요.
ⓘ 아파트 구하는 데 어렵진 않았어요? ⓕ 정말 힘들게 구했어요. ⓘ 모든 조건에 적합한 집은 찾기 힘들죠.

with MP3

외국인과의 용감한 대화

ⓘ Do you live in a house or an apartment?

ⓕ I live in an apartment. But I really want to live in a
traditional Korean-style house.

ⓘ I bet it's difficult to maintain a traditional Korean-style
house. Isn't it more convenient to live in an apartment?

ⓕ That's true.
All you need to pay is the monthly maintenance fee.

ⓘ Did you have a hard time finding your apartment?

ⓕ Yes, I really had a difficult time.

ⓘ It really is hard to find housing with all the right
conditions.

형제, 자매가 있는지 물어볼 때 쓰는 표현을 배워 봐요. 동생에 대한 이야기를
나누려면 어떤 영어 표현들을 연습해야 하는지도 알아 보세요.

내가 할 수 있는 말!

Do you have any siblings?

I have one younger sister.

My younger sister is ten years younger
than me.

She is still in middle school.

In Korea, age is very important socially.

hint
sibling 형제자매, 동기   **envious** 부러워하는   **only child** 외동   **share** 나누다   **socially** 사회적으로

Ⓘ 형제나 자매가 있어요? 저는 여동생이 한 명 있어요.   Ⓕ 부럽네요. 저는 혼자거든요.

Ⓘ 제 동생은 저보다 10살 어려요. 아직 중학생이에요.

Ⓕ 자매가 있으면 좋을 것 같아요. 친구처럼 지낼 수 있잖아요. 쇼핑도 같이 다니고, 많을 걸 나눌 수 있고요.

Ⓘ 한국에서는 나이가 중요해요. 제 여동생은 저보다 한참 어려서 마치 딸 같아요.

with MP3

외국인과의 용감한 대화

Ⓘ Do you have any **siblings**? I have one younger sister.

Ⓕ I am so **envious**. I am an **only child**.

Ⓘ My younger sister is ten years younger than me.
She is still in middle school.

Ⓕ I think it's nice to have a sister.
Sisters can be such good friends.
You can go shopping together and can **share** many
things.

Ⓘ In Korea, age is very important **socially**.
Since my sister is so much younger than me, she is like
my daughter.

서로 가족사진을 보여 주며 가족에 대한 이야기를 나눠 보세요. '당신은 아버지를
닮았어요'라는 표현이 입에서 쉽게 나오도록 연습해요.

내가 할 수 있는 말!

You look a lot like your father.

You have his eyes and nose.

Did you live with your parents before
coming to Korea?

In Korea, most young people live with
their parents.

I am planning to move out soon.

ⓘ 이분들은 부모님이신가 봐요. 당신은 아버지를 많이 닮았네요. 특히 눈과 코가 닮았어요.   ⓕ 그런 얘기 많이 들어요.

ⓘ 어머님이 미인이시네요. 한국에 오기 전에 부모님과 같이 살았나요?

ⓕ 대학교에 입학하면서 독립했어요. 그때부터 혼자 힘으로 살고 있죠.

ⓘ 한국의 젊은이들은 부모님과 같이 사는 경우가 많지요. 저도 아직 부모님과 함께 살아요. 하지만 독립을 준비 중이에요.

외국인과의 용감한 대화

ⓘ **Are these your parents? You look a lot like your father.
You have his eyes and nose.**

ⓕ **I hear that a lot.**

ⓘ **Your mother is very beautiful.
Did you live with your parents before coming to Korea?**

ⓕ **When I went to college I moved out.
And I have been living on my own since then.**

ⓘ **In Korea, most young people live with their parents.
I still live with my parents.
But I'm planning to move out soon.**

아기에 대한 이야기는 분위기를 부드럽게 하는 데 좋아요. 조카 사진이나 사촌동생 사진을 보여 주며 이야기를 나눠 보면 어떨까요?

내가 할 수 있는 말!

Do you want to see a picture of my nephew?

He is thirteen months old.

He really is adorable.

He is the joy of my life these days.

When I see him smile, I forget all my worries.

I only see him once a week.

ⓘ 제 조카 사진 보여 드릴까요? 이제 13개월 됐어요.   **ⓕ** 정말 귀엽네요.

ⓘ 정말 사랑스러워요. 순한 아기예요.   **ⓕ** 조카를 정말 사랑하시는군요.

ⓘ 요즘 조카 보는 낙으로 살거든요. 어찌나 재롱을 잘 피우는지. 조카가 웃는 모습을 보면 세상 근심이 다 날아가는 것 같죠.

ⓕ 조카를 자주 보러 가나요?   **ⓘ** 일주일에 한 번씩 보러 가죠.

with MP3

외국인과의 용감한 대화

ⓘ Do you want to see a picture of my **nephew**?
He is thirteen months old.

ⓕ Wow, he is really cute!

ⓘ He is really **adorable**. He is such a good baby.

ⓕ I can tell that you really love him.

ⓘ He is the joy of my life these days!
He **does** so many **cute things**.
When I see him smile, I forget all my worries.

ⓕ Do you see him often?

ⓘ I only see him once a week.

165

#2

- 고향은 어디예요? 한국에 오기 전에는 어디에 살았어요? 한국에서는 어디에서 지내고 있어요?
- 거기는 살기 어때요? 아파트 구하는 데 어렵진 않았어요? 형제나 자매가 있어요?
- 자매가 있으면 좋을 것 같아요. 당신은 아버지를 많이 닮았네요. 특히 눈과 코가 닮았어요.
- 저는 독립을 준비 중이에요. 내 조카 사진 볼래요? 그는 정말 사랑스러워요.

- Where is your hometown?

- Where did you live before you came to Korea?

- Where are you living in Korea?

- How do you like it there?

- Did you have a hard time finding your apartment?

- Do you have any siblings?

- I think it's nice to have a sister.

- You look a lot like your father.

- You have his eyes and nose.

- I'm planning to move out soon.

- Do you want to see a picture of my nephew?

- He is really adorable.

3 취미와 운동에 대해 물어보기

헬스장에서 러닝머신 위를 달리고 있는데 옆에서 같이 달리던
외국인과 눈이 마주쳤어요. 참, 영어로는 러닝머신을
트레드밀(treadmill)이라고 해야 한다죠.
어쨌거나 외국인과 나란히 운동을 끝내고 나오게 됐어요.
이때 취미와 운동에 대해 스몰 토크를 하면 참 좋을 텐데,
당장 "취미가 뭐예요?" 하는 말도 떠오르지 않았어요.

서울 용산 (C씨(30세), 대학원생)

취미를 물어볼 때 'What is your hobby?'라는 표현에서 벗어나 보세요. 좀 더
전문적이고 영어다운 표현을 연습해 볼까요?

with MP3

내가 할 수 있는 말!

What do you usually do on the weekends?

I usually clean and do the laundry.

What are some things that you enjoy doing?

Sometimes I go see a movie.

I hang out with my friends.

There really isn't anything in particular that I do regularly.

Ⓘ 주말에는 보통 뭘 하세요?   **Ⓕ** 전 요즘 주말마다 암벽 등반을 하러 다녀요.   **Ⓘ** 활동적이시네요.
Ⓕ 당신은 주말에 뭘 하세요?   **Ⓘ** 저는 보통 청소를 하거나 빨래를 해요. 주말에 할 집안일이 너무 많아요.
Ⓕ 취미는 뭐예요?   **Ⓘ** 영화를 보러 가거나 친구를 만나기도 해요. 특별한 취미는 없어요.

with MP3

외국인과의 용감한 대화

Ⓘ What do you usually do on the weekends?

Ⓕ I am really into rock climbing these days.

Ⓘ You seem like a very active person!

Ⓕ What do you usually do on the weekends?

Ⓘ I usually clean and do the laundry.
There is so much housework to do on the weekends.

Ⓕ What are some things that you enjoy doing?

Ⓘ Sometimes I go see a movie or hang out with my
friends. There really isn't anything in particular that I do
regularly.

자전거 타기와 테니스는 많은 사람들이 즐기는 취미니까 관련된 영어 표현을 알아
두도록 해요. 테니스 대신에 다른 스포츠 이름을 넣어서 말해도 돼요.

with MP3

내가 할 수 있는 말!

What do you like to do when you have some free time?

I am thinking of taking up a sport.

I was thinking of taking some tennis lessons.

I am actually looking into it.

I am planning on starting in the spring.

hint
'along 함께, ~를 따라   take up 시작하다, 차지하다   look into ~를 조사하다, 살펴보다

Ⓘ 여유 시간에 주로 뭘 하세요?
Ⓕ 저는 자전거 타는 걸 좋아해요. 특히 한강변을 달리는 기분은 최고예요. 무엇과도 비교할 수 없어요.
Ⓘ 저는 이제 활동적인 취미를 가져 볼까 해요. 테니스를 배우려고요.   Ⓕ 한강 공원에 테니스 레슨을 해 주는 곳이 많아요.
Ⓘ 알아보고 있어요. 봄부터 시작할 거예요.

with MP3

외국인과의 용감한 대화

Ⓘ **What do you like to do when you have some free time?**

Ⓕ **I like to ride my bicycle.**
It's really nice to ride along the Han River.
There is nothing else like it.

Ⓘ **I'm thinking of taking up a sport.**
I was thinking of taking some tennis lessons.

Ⓕ **There are many places along the Han River that give tennis lessons.**

Ⓘ **I'm actually looking into it.**
I'm planning on starting in the spring.

취미로 춤을 배우는 사람도 많아요. 춤에 대한 영어 표현을 약간만 알아 두면 흥미로운 대화를 나눌 수 있을 거예요.

내가 할 수 있는 말!

I am learning Latin dances these days.

I started two months ago.

I am really into dancing these days.

Isn't it really fun?

The more I dance, the classier I feel.

You can also lose weight.

❶ 저는 요즘 라틴 댄스를 배우고 있어요.   ❻ 라틴 댄스 중에서 어떤 거요?

❶ 자이브를 배우고 있어요. 시작한 지 두 달 됐어요. 춤의 매력에 한창 빠져 있죠.

❻ 저도 한때 살사를 배운 적이 있어요. 당신 덕분에 다시 춤을 시작하고 싶은 마음이 드네요.

❶ 정말 재미있지 않아요? 춤을 추면 내가 더 멋진 사람이 된 것 같아요. 또 살도 빠지잖아요.

with MP3

외국인과의 용감한 대화

❶ I am learning Latin dances these days.

❻ Which one are you learning now?

❶ I am learning the Jive. I started two months ago.
I am really into dancing these days.

❻ I learned the Salsa once.
You make me want to take up dancing again.

❶ Isn't it really fun?
The more I dance, the classier I feel.
You can also lose weight.

축구는 전세계적으로 팬이 많은 스포츠예요. 축구 경기를 즐겨 보는 사람들과 대화할 때를 대비해서 영어 표현을 알아 두면 어떨까요?

with MP3

내가 할 수 있는 말!

What do you usually do at home?

Do you like playing soccer?

I think it's just better to watch it on TV.

Are there soccer matches on TV these days?

Which team are you rooting for?

hint
¹match 경기, 어울리다, 짝   in season 제철인   stay up 잠을 자지 않다   root for 응원하다   support 지지하다, 지원하다

❶ 집에서 어떻게 시간을 보내요?   **❶** TV로 축구 경기를 보죠.
❶ 축구하는 거 좋아하세요?   **❶** 사실 뛰는 걸 안 좋아해서 축구하는 건 안 좋아해요. 보는 것만 좋아하죠.
❶ 저도 그래요. 저도 TV로 보는 게 낫다고 생각해요. 요즘에도 TV에서 축구 중계를 하나요?
❶ 영국 프리미어 리그 시즌이거든요. 중계 방송을 보느라고 밤을 새곤 해요.
❶ 어떤 팀을 응원하세요?   **❶** 첼시 팀을 응원해요.

with MP3

외국인과의 용감한 대화

❶ What do you usually do at home?

❶ I like to watch soccer on TV.

❶ Do you like playing soccer?

❶ Actually, I don't like to run, so I don't like to play soccer.
I just like watching it.

❶ Me too. I think it's just better to watch it on TV.
Are there soccer **matches** on TV these days?

❶ The British Premier League is **in season** now. I have to
stay up all night to watch the live **matches** on TV.

❶ Which team are you **rooting for**?

❶ I **support** Chelsea.

영화를 보는 것도 누구나 쉽게 가질 수 있는 취미예요. 영화에 관한 이야기를 나누다가
언제 한번 같이 영화를 보러 가자고 약속까지 정해 보면 어떨까요?

내가 할 수 있는 말!

What kind of movies do you like?

We have such different tastes.

I like romantic comedies.

I like to watch movies that make me feel better.

Let's go watch a movie together sometime.

hint
guess ~을 추측하다   suspect ~을 의심하다, 용의자, 수상한

Ⓘ 어떤 영화 장르를 좋아하세요?   Ⓕ 저는 스릴러와 공포물을 좋아해요.
Ⓘ 저랑 취향이 많이 다르시네요. 저는 로맨틱 코미디물을 좋아하는데요. 보고 나면 기분 좋아지는 영화가 좋거든요.
Ⓕ 저는 다만 스릴러 영화를 보면서 범인이 누구일까 추리하는 게 재미있어요. 사실 로맨틱 코미디물도 좋아하는 편이에요.
Ⓘ 그러면 언제 한번 영화 보러 같이 가요.   Ⓕ 그거 좋겠네요.

with MP3

외국인과의 용감한 대화

Ⓘ **What kind of movies do you like?**

Ⓕ **I like thriller and horror movies.**

Ⓘ **We have such different tastes.**
   I like romantic comedies.
   I like to watch movies that make me feel better.

Ⓕ **While watching the thriller movie, I like to guess who the suspect might be.**
   Actually, I like to watch romantic comedies too.

Ⓘ **Then let's go watch a movie together sometime.**

Ⓕ **That would be great.**

공원에서 조깅하는 외국인과 마주쳤을 때 운동을 소재로 이야기 나눠 보세요.
헬스장에 등록해도 안 가게 된다든지 다이어트를 해야 한다든지 등을 말해 봐요.

내가 할 수 있는 말!

It's hard to exercise at the park these days.

Is the gym near your house?

I have joined many gyms and ended up
not going.

I am very diligent in the beginning.

But I start getting lazy and stop going.

I am going to start my diet in the summer.

● 추워서 공원에서 운동하기 힘드네요.　**F** 전 이제 헬스장에 다니려고요.
● 헬스장이 집 근처에 있나요?　**F** 아니요. 회사 근처에 있는 헬스장에 다닐 거예요.
● 전 헬스장에 등록하고 안 다닌 적이 많아요. 처음에는 부지런히 나가지만 점점 게을러져서 안 가게 되죠.
F 맞아요. 하지만 저는 이번만큼은 정말 결심했어요. 여름이 오기 전에 살을 좀 빼야 해요.
● 전 여름이 오면 그때 다이어트를 시작할 거예요.

with MP3

외국인과의 용감한 대화

● It's so cold. It's hard to exercise at the park these days.

F I'm thinking of joining a gym.

● Is the gym near your house?

F No, it's not. It is near my work.

● I have joined many gyms and ended up not going.
I'm very diligent in the beginning.
But I start getting lazy and stop going.

F That's true. But this time, I'm very motivated!
I need to lose some weight before summer.

● I'm going to start my diet in the summer.

● 주말에는 보통 뭐 하세요?   ● 저는 보통 청소를 하거나 빨래를 해요.   ● 취미는 뭐예요?
● 저는 이제 활동적인 취미를 가져 볼까 해요.   ● 여유 시간에 주로 뭘 하세요?
● 춤을 추면 내가 더 멋진 사람이 된 것 같아요.   ● 어떤 영화 장르를 좋아하세요?   ● 어떤 팀을 응원하세요?
● 보고 나면 기분 좋아지는 영화가 좋거든요.   ● 언제 한번 영화 보러 같이 가요.
● 전 헬스장에 등록하고 안 다닌 적이 많아요.   ● 여름이 오기 전에 살을 좀 빼야 해요.

- What do you usually do on the weekends?

- I usually clean and do the laundry.

- What are some things that you enjoy doing?

- I am thinking of taking up a sport.

- What do you like to do when you have some free time?

- The more I dance, the classier I feel.

- What kind of movies do you like?

- I like to watch movies that make me feel better.

- Let's go watch a movie together sometime.

- Which team are you rooting for?

- I have joined many gyms and ended up not going.

- I need to lose some weight before summer.

하다 보면
끝이 없는
직장 생활 이야기

우리 회사에는 외국인 직원이 있어요. 그런데 오늘 점심시간에
우연히 옆자리에 앉았죠. 진땀이 짝 흘렀어요.
내가 왜 하필 이 시간에 밥 먹으러 왔을까? 자책도 했죠.
이런 내 속을 아는지 모르는지 이 사람 자꾸 영어로 말을 걸어요.
그래 넌 네 말을 해라. 난 내 밥을 먹을 테니 미소만 지었죠.
영어 실력이 유창했다면 얼마나 좋았을까요?

서울 여의도 N씨(34세, 직장인)

영어에선 '직장인이에요'라는 표현을 잘 쓰지 않아요. 어느 회사에 다니는지 직종을
구체적으로 말해야 하죠. 어떻게 표현하는지 연습해 보세요.

with MP3

내가 할 수 있는 말!

I work now.

What kind of work do you do?

I work for a trading company.

Are you here on vacation?

You must have a very tight schedule.

Do you usually have time to go
sightseeing?

hint

college student 대학생   **graduate** 졸업하다, 졸업생   **trading company** 무역회사
advertising company 광고회사   **tight** 꽉 끼는, 엄격한

F 학생인가요?   **I** 졸업했어요. 직장인이에요.   **F** 어려 보여서 학생인 줄 알았어요. 무슨 일을 하시나요?
I 무역회사에 다니고 있어요. 무슨 일을 하시나요?   **F** 뉴욕에 있는 홍보 회사에 다니고 있죠.
I 여기에 휴가차 왔나요?   **F** 아니요. 출장으로 왔어요.
I 그럼 일정이 빠듯하겠네요. 출장 중에 관광할 시간이 있나요?   **F** 시간은 별로 많지 않지만 관광해 보려고요.

---

with MP3

외국인과의 용감한 대화

F　Are you a **college student**?

I　Actually, I graduated. I work now.

F　You look so young, I thought you were a student. What kind of work do you do?

I　I work for a **trading company**. What do you do?

F　I work for an **advertising company** in New York.

I　Are you here on vacation?

F　No. I am here on business.

I　You must have a very **tight** schedule. Do you usually have time to go sightseeing while you are on business?

F　I don't have a lot of time, but I'm going to go sightseeing.

한국에서 직장 생활 하는 외국인과 한국 직장 생활의 특징에 관해 이야기 나눠 보세요.
회식 문화에 관한 표현도 배워 볼까요?

with MP3

내가 할 수 있는 말!

What company do you work for?

How long have you worked in Korea?

How do you like working in Korea?

What is most difficult about working in Korea?

Koreans tend to value close relationships.

That's why they eat out together so often.

- ① 어느 회사에 다니세요?   ⑤ D 소프트 사의 한국 지사에 근무해요.
- ① 한국에서 일한 지는 얼마나 됐어요?   ⑤ 1년 정도 됐어요.
- ① 한국에서 일하는 건 어때요?   ⑤ 처음에는 문화가 달라서 힘들었어요.
- ① 한국 직장 생활에서 뭐가 제일 힘든가요?   ⑤ 회식을 좀 많이 하는 것 같아요.
- ① 한국 사람들은 동료들 사이의 친밀감을 중요하게 생각하는 편이니까요. 그래서 자주 회식을 하죠.

외국인과의 용감한 대화

① What company do you work for?

⑤ I work in the Korean **branch** office of D Soft Company.

① How long have you worked in Korea?

⑤ I have been here for about a year.

① How do you like working in Korea?

⑤ It was a little difficult in the beginning because the culture is so different.

① What is most difficult about working in Korea?

⑤ They seem to have many **work related dinners**.

① Koreans **tend to value close relationships**. That's why they **eat out** together so often.

미국이나 유럽의 직장인들은 야근을 잘 안 한다고 해요. 한국식 직장 용어인
칼퇴근이라는 표현을 설명해 주려면 어떻게 말하면 좋을까요?

내가 할 수 있는 말!

Do many people work late in America?

We have a term for that in Korea.

The term means to leave work right at six o'clock.

These days, I have a lot of work.

It will get better at the end of the month.

I am planning to take some time off.

hint

term 용어, 계약 조건, 기간   **take off** 쉬다, 벗다, 이륙하다   **take a trip** 여행하다   **burn out** 다 타 버리다, 완전히 지치다

Ⓘ 미국의 직장인들도 야근을 많이 하나요?   Ⓕ 거의 하지 않아요. 6시가 되자마자 집으로 가요.

Ⓘ 한국에서는 그걸 가리키는 용어가 있어요. '칼퇴근'이죠. 칼은 '나이프'를 뜻하고 퇴근은 '일을 마치는 것'을 의미해요. 정확하게 6시에 퇴근한다는 뜻이죠. 저는 야근을 자주 해요. 특히 요즘에는 업무량이 많아서요.   Ⓕ 힘들겠네요.

Ⓘ 이번 달 말에는 좀 한가해질 거예요. 그때 휴가를 얻어서 여행을 떠나려구요.

Ⓕ 좀 쉬어 주지 않으면 진이 다 빠져 버리고 말 거예요.

외국인과의 용감한 대화

Ⓘ Do many people work late in America?

Ⓕ Most people don't work late.
They usually go home right at six o'clock.

Ⓘ We have a term for that in Korea. It's called 'Kaltoigeun'.
'Kal' means 'knife' and 'Toigeun' means 'leave work'.
So the term means to leave work right at six o'clock.
I usually work late. These days, I have a lot of work.

Ⓕ That must be hard for you.

Ⓘ It will get better at the end of the month.
I am planning to take some time off. I will take a trip.

Ⓕ You will burn out if you don't take some time to enjoy yourself.

건강도 직장인들의 주된 관심사죠. 공원이나 헬스장에서 운동하며 매일 마주치는
외국인과 직장인의 건강 관리에 대해 이야기를 나눌 수 있도록 연습해 보세요.

내가 할 수 있는 말!

I see you out here often.

You are committed.

I usually come home late from work.

I am not able to exercise every day.

Whenever I get a chance, I try to
exercise.

Since I sit all day long at work, I feel tired.

Ⓘ 여기 자주 나오시는 것 같아요.   Ⓕ 운동을 해야 하니까요. 매일 나와서 조깅하고 있어요.
Ⓘ 열심이시네요.   Ⓕ 매일 운동 안 하세요?
Ⓘ 저는 회사에서 늦게 끝나는 날이 많아서 매일 운동하지는 못해요. 하지만 틈 나는 대로 운동하려고 해요. 회사에서 계속 앉아 있다 보면 피곤해져요.   Ⓕ 건강을 위해서 운동은 필수죠. 비타민과 영양제도 챙겨 먹고 있어요.

with MP3

외국인과의 용감한 대화

Ⓘ I see you out here often.

Ⓕ I need to exercise, so I jog every day.

Ⓘ You are committed.

Ⓕ Don't you exercise every day?

Ⓘ I usually come home late from work, so I'm not able to
exercise every day.
But whenever I get a chance, I try to exercise.
Since I sit all day long at work, I feel tired.

Ⓕ You really need to exercise to stay healthy.
I also take vitamins and nutritional supplements.

직장인의 낙은 휴가죠. 미국이나 유럽의 휴가는 보통 2주가 넘는다던데 휴가 때 뭘 할 건지 계획을 물어보세요.

내가 할 수 있는 말!

What are you going to do during your vacation?

You will get to see your family.

I bet those two weeks are really going to fly by.

Actually, I can only take three days off.

I am going to go to Jeju Island.

I am making plans now.

ⓘ 휴가 때 뭐 하실 거예요?　ⓕ 7월에 2주 휴가를 받아서 미국 집에 다녀올까 해요.　ⓘ 오랜만에 가족들을 만나시겠군요.
ⓕ 네. 무척 기대돼요.　ⓘ 2주가 금방 지나가겠어요.　ⓕ 휴가 때 뭐 하실 거예요?
ⓘ 저는 휴가를 3일만 쓸 수 있어요. 그래도 제주도를 다녀오려고요.　ⓕ 굉장히 좋을 것 같네요. 뭘 할 거예요?
ⓘ 아직 잘 몰라요. 지금 계획을 세우고 있죠.

외국인과의 용감한 대화

ⓘ **What are you going to do during your vacation?**

ⓕ **I'm going to go home to America for two weeks in July.**

ⓘ **You will get to see your family.**

ⓕ **Yes, I'm really looking forward to it.**

ⓘ **I bet those two weeks are really going to fly by.**

ⓕ **What are you going to do during your vacation?**

ⓘ **Actually, I can only take three days off.
However, I'm going to go to Jeju Island.**

ⓕ **I'm sure you are going to have a great time!
Do you know what you are going to do?**

ⓘ **I'm not sure yet. I'm making plans now.**

직장인들의 대화 주제에는 미래에 대한 불안도 빼놓을 수 없어요. 영어로 말하기에
너무 어려운 주제 같지만 몇 가지 표현만 알면 쉽게 말할 수 있을 거예요.

with MP3

내가 할 수 있는 말!

The world-wide recession seems pretty serious these days.

Many people in Korea are worried about the future.

It would be nice to work for a company that gives a big salary.

I hope I don't have to worry about being laid off.

Are you doing anything to plan for your future?

Ⓘ 요즘 세계적으로 불황이 심한 것 같아요. 많은 한국 사람들이 앞날에 대해 걱정하고 있어요.

Ⓕ 세계 어디서나 그런 것 같아요.

Ⓘ 월급도 많고 해고 걱정도 없는 그런 직장에 다니면 얼마나 좋을까요.   Ⓕ 꿈의 직장이죠.

Ⓘ 미래를 위해 준비하고 있는 것 있나요?   Ⓕ 일단 지금은 하고 있는 일에 최선을 다하려고요.

Ⓘ 저는 제빵 자격증을 따려고 공부하고 있어요. 퇴직한 뒤에 빵집을 하고 싶어요.

외국인과의 용감한 대화

Ⓘ The world-wide **recession** seems pretty serious these days.
Many people in Korea are worried about the future.

Ⓕ I think that's true all over the world right now.

Ⓘ It would be nice to work for a company that gives
a big **salary.** And I hope I don't have to worry about
being **laid off.**

Ⓕ That would be a dream job!

Ⓘ Are you doing anything to plan for your future?

Ⓕ I'm just trying to do **my best** in my position right now.

Ⓘ I'm studying now to get a **certificate** in baking.
I want to open a bakery when I **retire.**

무슨 일을 하시나요?　무역회사에 다니고 있어요.　여기에 휴가차 왔나요?　어느 회사에 다니세요?
한국에서 일한 지는 얼마나 됐어요?　한국에서 일하는 건 어때요?　한국 직장 생활에서 뭐가 제일 힘든가요?
미국의 직장인들도 야근을 많이 하나요?　휴가 때 뭐 하실 거예요?　저는 휴가를 3일만 쓸 수 있어요.
미래를 위해 준비하고 있는 것 있나요?　일단 하고 있는 일에 최선을 다하려고요.

- What kind of work do you do?

- I work for a trading company.

- Are you here on vacation?

- What company do you work for?

- How long have you worked in Korea?

- How do you like working in Korea?

- What is most difficult about working in Korea?

- Do many people work late in America?

- What are you going to do during your vacation?

- I can only take three days off.

- Are you doing anything to plan for your future?

- I'm just trying to do my best in my position.

5 쉽게 친구가 될 수 있는 여행 이야기

한국으로 여행 온 외국인과 영어 단어 몇 마디와 손짓 발짓으로
얘기 나눈 적이 있죠. 그 친구와 얘기하다 보니까
영어 공포증이 아주 조금 사라진 것 같기도 해요.
그런데 정말 답답하더군요. 좀 더 많은 대화를 나누고 싶었고
나중에도 연락하고 싶었는데 이메일 주소도 못 물어봤어요.
문장을 말해 보려다 타이밍을 놓쳤거든요.

파주 K씨(25세 대학생)

여행 다녀 본 나라에 대한 인상을 묻고 답해 보세요. 다녀 본 나라에 대해 할 말이
영어로 잘 떠오르지 않는다면 물어보는 걸 위주로 하면 될 거예요.

내가 할 수 있는 말!

What countries have you visited?

Which country was the most memorable to you?

Is there a country you want to visit again?

I would like to go to Europe one day.

I heard all the views in Europe are very beautiful.

The photos of Europe all look like postcard backgrounds.

hint
memorable 기억할 만한   get around 돌아다니다   charm 매력, 부적   background 배경

ⓘ 어느 나라에 가 보셨어요?　**ⓕ** 프랑스, 호주, 멕시코, 인도를 가 봤어요.
ⓘ 어느 나라가 가장 기억에 남나요?　**ⓕ** 인도요. 정말 덥고 다니기 불편했지만 매력 넘치는 나라예요.
ⓘ 다시 가 보고 싶은 나라가 있나요?　**ⓕ** 프랑스에 다시 가 보고 싶어요.
ⓘ 저는 유럽에 언젠가 한번 가 보고 싶어요. 유럽 각 나라마다 한 달씩 살아 보면 좋을 것 같아요. 유럽의 경치는 다 아름답다고
들었어요. 유럽 사진은 전부 엽서 배경 같잖아요.

with MP3

외국인과의 용감한 대화

ⓘ What countries have you visited?

ⓕ I've visited France, Australia, Mexico, and India.

ⓘ Which country was the most **memorable** to you?

ⓕ India was the most **memorable**. It was really hot and difficult to **get around**, but it had a lot of **charm**.

ⓘ Is there a country you want to visit again?

ⓕ I would like to visit France again.

ⓘ I would like to go to Europe one day.
I think it would be nice to live for one month in each of the countries in Europe.
I heard all the views in Europe are very beautiful.
The photos of Europe all look like postcard **backgrounds**.

외국인과 여행의 좋은 점에 대해 이야기 나눠 볼까요? 여행의 장점들을 표현하는 영어 문장들을 미리 준비해 놓으면 대화가 잘 풀릴 거예요.

with MP3

내가 할 수 있는 말!

Do you like to travel?

That sounds really exciting!

I am a little envious!

In order to travel, I need to work harder.

I need to get better at saving money.

Ⓘ 여행하는 거 좋아하시나요?
Ⓕ 당연하죠. 틀에 박힌 일상생활에서 잠시라도 벗어날 수 있잖아요. 새로운 곳에 가서 새로운 사람들을 만나는 건 신나는 일이죠.
Ⓘ 정말 신날 것 같네요. 부러워요.   Ⓕ 가끔은 모든 걸 훌훌 털고 여행을 떠나 보세요. 삶이 훨씬 활기 있어질 거예요.
Ⓘ 여행을 하기 위해서는 더 열심히 일해야겠어요.   Ⓕ 맞아요. 돈을 모으기 위해 더 계획적으로 살게 된다니까요.
Ⓘ 저도 열심히 저축해야겠어요.

외국인과의 용감한 대화

Ⓘ Do you like to travel?

Ⓕ Yes, I do! It's an **opportunity** for me to **get away** from my **routine life.** It really is exciting to go to a new place and meet new people!

Ⓘ That sounds really exciting! I'm a little envious!

Ⓕ Sometimes you just need to **drop** everything and take a trip. You will feel **revitalized.**

Ⓘ **In order to** travel, I need to work harder.

Ⓕ That's true. You do need **discipline** to **save** money for trips.

Ⓘ I need to get better at **saving** money too!

여행에서 가장 기억에 남는 일을 물어보세요. 기억에 남는다는 말은 영어로 어떻게 표현할까요? 또 여행에서 뭘 보는 게 좋은지도 말해 보세요.

내가 할 수 있는 말!

What is the most memorable experience from your travels?

Is there anything that comes to mind right now?

That sounds like such a beautiful place.

I really enjoy seeing the architecture of different countries.

Do you want to visit the Korean Folk Village?

hint
pick 고르다, 선택하다   **take away** 가져가다   **breath** 숨   **overcome** 극복하다, 이기다   **majesty** 장엄함, 위풍당당함
architecture 건축   **folk** 민속

Ⓘ 여행에서 가장 기억에 남는 일은 무엇인가요?   Ⓘ 지금 딱 떠오르는 건요?

Ⓕ 모든 순간이 다 좋았어요. 하나만 고르기가 너무 어렵네요.

Ⓕ 그랜드캐니언의 풍경을 봤을 때 숨이 멎는 줄 알았어요. 누구나 그랜드 캐니언을 보면 자연의 위대함에 압도당할 거예요.

Ⓘ 정말 멋진 곳을 다녀오셨군요. 자연의 풍경도 좋지만 저는 그 나라만의 건축물을 보는 게 좋던데요.

Ⓕ 그건 저도 좋아요.   Ⓘ 그럼 한국민속촌에 가 볼래요?

with MP3

외국인과의 용감한 대화

Ⓘ **What is the most memorable experience from your travels?**

Ⓕ **I really enjoyed all my experiences.
It's really hard to just pick one.**

Ⓘ **Is there anything that comes to mind right now?**

Ⓕ **The Grand Canyon really took my breath away.
Anyone that experiences the Grand Canyon will be
overcome with the majesty of nature.**

Ⓘ **That sounds like such a beautiful place.
I like nature, but I really enjoy seeing the architecture of
different countries.**

Ⓕ **I also like to see architecture too!**

Ⓘ **Do you want to visit the Korean Folk Village?**

여행에서 항상 좋을 수만은 없어요. 뜻하지 않은 일, 안 좋은 일도 생길 수 있죠.
안 좋은 기억도 추억으로 남길 수 있도록 이야기 나눠 봐요.

with MP3

내가 할 수 있는 말!

What was the most difficult experience during your travels?

Did you lose anything?

Did you report the incident to the police?

Did you have travel insurance?

Did you get any compensation?

❶ 여행 중에 가장 힘들었던 일은 무엇인가요?   ❻ 이탈리아에서 소매치기를 당한 적이 있어요.
❶ 저런! 뭘 잃어버리셨어요?   ❻ 휴대폰과 신용카드를 잃어버렸죠. 다행히 여권과 돈은 안쪽 주머니에 넣어서 괜찮았어요.
❶ 경찰에 신고는 하셨나요?   ❻ 네. 좀 번거로웠어요. 영어가 안 통하더라고요.
❶ 이탈리아 사람들이 영어를 못하는 줄은 몰랐네요. 여행자 보험은 들었어요? 보상은 받으셨나요?
❻ 네. 다행히도 여행자 보험을 들었어요.

외국인과의 용감한 대화

❶ What was the most difficult experience during your travels?

❻ I was pickpocketed in Italy once.

❶ Oh no! Did you lose anything?

❻ I lost my cell phone and credit card. Luckily, I had my passport and money in my inside pocket.

❶ Did you report the incident to the police?

❻ Yes, I did. It was a little difficult because many people didn't speak English there.

❶ Oh, I didn't realize many people in Italy didn't speak English. Did you have travel insurance? Did you get any compensation?

❻ Yes. I was very thankful that I had travel insurance.

여행 중인 외국인과 만나서 얘기할 때는 적절한 타이밍에 대화를 마무리하는 것도
중요해요. 이메일 주소를 나누면서 이야기를 마무리해 볼까요?

with MP3

내가 할 수 있는 말!

I really enjoyed talking with you today.

I think that's one of the joys of
traveling.

Let me write it down for you.

Enjoy the rest of your vacation.

Don't forget 1330.

It's the customer service number for the
Korean Tourism office.

hint
write ~ down ~을 적다   the rest of 나머지   customer service 고객 서비스

ⓕ 이제 가 봐야 할 시간이네요. 저녁 때 공연을 보러 가기로 했거든요.　**ⓘ** 이야기 나눌 수 있어서 정말 좋았어요.

ⓕ 저도요. 여행하는 사람은 새로운 친구를 사귀기가 쉽죠.　**ⓘ** 그게 여행의 즐거움인 것 같아요.

ⓕ 이메일 주소 좀 알려 주시겠어요?

ⓘ 적어 드릴게요. 남은 휴가 즐겁게 보내세요. 아참, 그리고 1330번 잊지 마세요. 한국관광안내소 전화번호거든요.

ⓕ 네, 기억할게요. 유용할 것 같네요.

with MP3

외국인과의 용감한 대화

ⓕ I better get going.
I'm going to a concert in the evening.

ⓘ I really enjoyed talking with you today.

ⓕ Me too. It's easy for people to meet new friends while traveling.

ⓘ I think that's one of the joys of traveling.

ⓕ Can I have your email address?

ⓘ Let me write it down for you.
Enjoy the rest of your vacation.
Oh and don't forget 1330. It's the customer service number for the Korean Tourism office.

ⓕ Yes, I'll remember. That might be very useful later.

여행하는 거 좋아하시나요?
어느 나라에 가 보셨어요? 어느 나라가 가장 기억에 남나요?
여행에서 가장 기억에 남는 일은 무엇인가요?
정말 신날 것 같네요. 여행하기 위해서 더 열심히 일해야겠어요.
여행 중에 가장 힘들었던 일은 무엇인가요?
지금 딱 떠오르는 건요? 정말 멋진 곳을 다녀오셨군요.
경찰에 신고는 하셨나요? 남은 휴가 즐겁게 보내세요.

- What countries have you visited?

- Which country was the most memorable to you?

- Do you like to travel?

- That sounds really exciting!

- In order to travel, I need to work harder.

- What is the most memorable experience from your travels?

- Is there anything that comes to mind right now?

- That's sounds like such a beautiful place.

- What was the most difficult experience during your travels?

- Did you report the incident to the police?

- Enjoy the rest of your vacation.

6 외국인 친구와 쇼핑하는 법

내 친구와 그 친구의 외국인 친구와 함께 쇼핑을 했죠.
제 친구가 유창한 영어로 외국인과 얘기하며 옷을 고르고,
신발을 고르는 모습을 보며 금 우울해졌어요. 대화에 낄 수 없고,
같은 타이밍에 웃을 수가 없었기 때문이죠.
쇼핑할 때 정말 필요한 문장들은 따로 있는데 전 그동안
엉뚱한 문장들만 공부했던 것 같아요.

김포 C씨(29세, 직장인)

각 나라마다 옷 사이즈 표시가 달라요. 사이즈에 대해 조언해 줄 수 있으면 좋을 거예요. 색깔이 어울린다는 표현은 어떻게 하는지도 배워 봐요.

with MP3

내가 할 수 있는 말!

Size 55 in Korea is size 4 in America.

I think size 66 will fit you.

Do you like the style and the color?

They have it in green.

I think this color looks very good on you.

🄵 한국에서 제 옷 사이즈를 모르겠어요.　🄸 한국에서 55가 미국 사이즈로 4예요. 66은 미국 사이즈로 6이고요.
🄵 그럼 77은 8이겠네요.　🄸 당신에게는 66이 잘 맞을 것 같아요.
🄵 55는 너무 달라붙긴 해요.　🄸 색깔과 디자인은 마음에 들어요?
🄵 이 디자인에 다른 색깔은 없나요?　🄸 초록색이 있대요. 하지만 나는 이 색깔이 당신에게 더 잘 어울리는 것 같아요.

with MP3

외국인과의 용감한 대화

🄵 I am not sure what my **clothes size** is in Korea.

🄸 Size 55 in Korea is size 4 in America. Size 66 is size 6.

🄵 Then size 77 must be size 8.

🄸 I think size 66 will **fit** you.

🄵 Size 55 does **fit** a little tight.

🄸 Do you like the style and the color?

🄵 Do they have this in another color?

🄸 They have it in green.
But I think this color **looks** very **good on** you.

help me!

신발 사이즈 표시도 나라마다 달라요. 나라별 사이즈 표시는 인터넷으로 검색해 보면 되니까 외울 필요는 없어요.

내가 할 수 있는 말!

What is your shoe size?

Let me search on the Internet what that size is in Korea.

I didn't realize that shoe sizes are different in every country.

Those shoes look really good on you.

Are the heels too high?

Is it uncomfortable?

hint
shoe size 신발 사이즈   heel 뒤꿈치, 굽   uncomfortable 불편한

Ⓘ 신발 사이즈가 어떻게 되세요?   Ⓕ 미국 사이즈로 7이에요.

Ⓘ 그럼 한국 사이즈로 얼마인지 인터넷으로 검색해 볼게요. 사이즈 7은 한국 사이즈로 240이네요. 신발 사이즈가 나라마다 다 다른 걸 몰랐네요.

Ⓕ 그럼 이 신발이 맞을 것 같아요.   Ⓘ 그 신발 당신에게 정말 잘 어울려요. 굽이 너무 높지 않나요? 안 불편해요?

Ⓕ 굽이 좀 높네요. 좀 더 낮은 굽을 찾아봐야겠어요.

with MP3

외국인과의 용감한 대화

Ⓘ What is your shoe size?

Ⓕ I'm a size 7 in America.

Ⓘ Let me search on the Internet what that size is in Korea.
Size 7 is size 240 in Korea.
I didn't realize that shoe sizes are different in every
country.

Ⓕ I think these shoes will fit me.

Ⓘ Those shoes look really good on you.
Are the heels too high? Is it uncomfortable?

Ⓕ It's a little too high for me.
I think I need something with a little lower heel.

한국에서 사 가야 하는 기념품을 추천해 주고 싶을 때 쓰는 영어 표현을 배워 봐요.
기념품에 대해 영어로 설명해 보세요.

with MP3

내가 할 수 있는 말!

How about Korean dolls wearing Hanbok?

How about a notebook made from traditional Korean paper?

How about Ginseng? It's really good for your health.

You can get everything from the Internet.

You can also go to Namdaemun Market or Insadong.

ⓕ 한국에 온 기념품으로 어떤 선물을 사 가면 좋을까요?   **ⓘ** 한복을 입고 있는 인형이라든가 한지로 만든 노트 어때요?

ⓕ 그건 우리 조카가 좋아할 것 같아요. 부모님을 위해서는 뭘 사 가면 좋을지 모르겠어요.

ⓘ 인삼 어때요? 건강에 좋은 거예요.   **ⓕ** 다양한 의견 고마워요. 그런데 어디서 사면 될까요?

ⓘ 인터넷 쇼핑몰에서 사면 돼요. 남대문시장이나 인사동에 가도 살 수 있어요.

with MP3

외국인과의 용감한 대화

ⓕ What would be a good souvenir from Korea to take back home?

ⓘ How about Korean dolls wearing Hanbok or a notebook made from traditional Korean paper?

ⓕ Oh, I think my niece would really like that.
I wonder what my parents would like.

ⓘ How about Ginseng? It's really good for your health.

ⓕ Thank you for all your suggestions.
Where can I go shopping for these items?

ⓘ You can get everything from the Internet.
You can also go to Namdaemun Market or Insadong.

한국 드라마와 K-pop의 인기 덕분에 한국을 찾는 외국인들도 많아졌어요. 그들을 안내할 수 있는 쉽고 명쾌한 영어 표현을 연습해 보세요.

with MP3

내가 할 수 있는 말!

This is the coffee shop from that drama.

Many people take pictures here.

Actually, I didn't finish watching that drama.

I heard the female lead actress was really good.

Let's order and then we can talk more.

What would you like to drink?

ⓘ 여기가 그 드라마에 나온 커피숍이에요.　　Ⓕ 낯이 익어요. 저 자리에 배우들이 앉았던 거 맞죠?
ⓘ 많은 사람들이 여기서 사진을 찍네요. 사실 전 그 드라마를 다 보지 못했어요. 재미있었나요?
Ⓕ 남자 주인공이 얼마나 멋있었다고요.
ⓘ 여자 주인공도 연기를 잘했다고 들었어요.　　Ⓕ 전 대사를 외울 정도로 그 드라마를 여러 번 봤어요.
ⓘ 일단 앉아서 주문부터 하죠. 뭐 드실래요?　　Ⓕ 전 아이스 아메리카노로 할게요.

with MP3

외국인과의 용감한 대화

ⓘ This is the coffee shop from that drama.

Ⓕ It does look very familiar.
That's the table where the actors sat, right?

ⓘ Many people take pictures here. Actually, I didn't finish
watching that drama. Did you like it?

Ⓕ The **male lead actor** was really handsome!

ⓘ I heard the **female lead actress** was really good too!

Ⓕ I watched that drama so many times that I even
memorized some of the **lines**.

ⓘ Let's order and then we can talk more.
What would you like to drink?

Ⓕ I would like an iced Americano please.

쇼핑을 하는 외국인들에게 'tax refund'에 대해 쉽게 설명해 볼까요? 외국에 나가
쇼핑할 때에도 유용하게 쓸 수 있는 표현일 거예요.

with MP3

내가 할 수 있는 말!

It's tax free shopping for foreigners.

When you leave Korea, you can get your
tax back.

Shop from stores that say, 'tax free'.

Take the forms to the 'tax free' window
at the airport.

It's really not that complicated.

hint
tax refund 세금 환급   **form** 형식, 형태   **complicated** 복잡한, 어려운

ⓕ 텍스 리펀드가 뭐죠?   **ⓘ** 외국인을 위한 면세 쇼핑이에요. 한국을 떠날 때 세금을 돌려받을 수 있어요.

ⓕ 어떻게 하면 되나요?   **ⓘ** 'tax free'인 가게에서 쇼핑을 하세요. 가게 직원이 양식을 작성하는 걸 도와줄 거예요. 그 양식을
공항의 'tax free' 창구에 가져가면 돼요. 그럼 세금을 돌려받아요.

ⓕ 복잡하게 들려요.   **ⓘ** 사실은 복잡하지 않아요. 할 수 있어요.

with MP3

외국인과의 용감한 대화

ⓕ What is a tax refund?

ⓘ It's tax free shopping for foreigners.
When you leave Korea, you can get your tax back.

ⓕ What do I need to do?

ⓘ Shop from stores that say, 'tax free'.
The store employee should be able to help you with the
forms. Before you leave, take the forms to the 'tax free'
window at the airport. They will refund your tax.

ⓕ It sounds a little complicated.

ⓘ It's really not that complicated. You'll see.

- 한국 사이즈로 얼마인지 인터넷으로 검색해 볼게요.
- 한국에서 55가 미국 사이즈로 4예요.
- 당신에게는 66이 잘 맞을 것 같아요.
- 색깔과 디자인은 마음에 들어요?
- 신발 사이즈가 어떻게 되세요?
- 그 신발 당신에게 정말 잘 어울려요.
- 한복을 입고 있는 인형 어때요?
- 인삼 어때요? 건강에 좋은 거예요.
- 여기가 그 드라마에 나온 커피숍이에요.
- 'tax free'인 가게에서 쇼핑을 하세요.
- 가게 직원이 양식을 작성하는 걸 도와줄 거예요.

- Let me search on the Internet what that size is in Korea.

- Size 55 in Korea is size 4 in America.

- I think size 66 will fit you.

- Do you like the style and the color?

- What is your shoe size?

- Those shoes look really good on you.

- How about Korean dolls wearing Hanbok?

- How about Ginseng? It's really good for your health.

- This is the coffee shop from that drama.

- Shop from stores that say, 'tax free'.

- The store employee should be able to help you with the forms.

7

내 영어 실력 해명하기

큰마음 먹고 등록한 영어 학원.
우연히 원어민 선생님과 따로 이야기를 나눌 기회가 생겼어요.
더듬더듬 말하고 있자니 창피하다는 생각이 밀려올라와 그나마도
더 이상 말을 할 수 없었어요. 나는 말하는 영어가 익숙하지 않다.
어떻게 하면 영어 회화를 잘할 수 있냐? 등등.
이렇게 영어 공부에 대해 영어로 말할 수 있으면 좋을 텐데요.

부천 K씨(21세, 학생)

영어를 못 알아듣겠다면 당당하게 외치세요. "Can you repeat that please?"
처음부터 영어를 완벽하게 하는 사람은 없으니까요.

with MP3

내가 할 수 있는 말!

Can you repeat that please?

Can you speak a little slower please?

Speaking and understanding English is very difficult.

Sometimes people talk too fast.

I want to speak English fluently.

The words get all mixed up in my head.

❶ 다시 한 번 말씀해 주시겠어요? 천천히 말씀해 주시길 부탁해요.   ❺ 좋아요. 되도록 천천히 얘기해 줄게요.

❶ 제 영어는 이해되세요?   ❺ 네. 잘 이해돼요.

❶ 영어를 듣거나 말하는 건 정말 어려워요. 상대방이 너무 빠르게 말해서 이해할 수 없을 때가 많아요. 영어를 유창하게 하고 싶지만 단어들이 머릿속에서 엉켜 버려요.   ❺ 여러 번 연습하면 잘하게 될 거예요.

with MP3

외국인과의 용감한 대화

❶ Can you repeat that please?
Can you speak a little slower please?

❺ OK, I will speak a little slower for you.

❶ Can you understand me?

❺ Yes. Your English is fine.

❶ Speaking and understanding English is very difficult.
Sometimes people talk too fast.
It's really hard to understand.
I want to speak English fluently.
But the words get all mixed up in my head.

❺ If you keep practicing, it will get better.

우리는 왜 자신 있게 영어로 말하지 못할까요? 실수를 두려워하기 때문이에요.
실수는 바로잡으면 되니까 두려워하지 마세요.

내가 할 수 있는 말!

I am not confident when I speak English.

I really need to study English harder.

I am afraid of making mistakes.

I can't speak English with confidence.

I really need to stop worrying and just speak.

hint
confident 자신 있는　**foreign language** 외국어　**make a mistake** 실수하다　**confidence** 자신감

Ⓘ 영어를 자신 있게 말하기 어려워요.　Ⓕ 당신의 영어는 훌륭해요. 잘하고 있어요.
Ⓘ 감사해요. 하지만 영어 공부를 좀 더 열심히 해야 해요.　Ⓕ 어쨌든 외국어를 할 수 있다는 데 자부심을 가지세요.
Ⓘ 저는 실수할까 봐 두려워요. 그래서 영어를 자신 있게 못하겠어요.　Ⓕ 틀려도 일단 말해 보는 게 중요한 것 같아요.
Ⓘ 정말 맞아요. 걱정은 그만두고 일단 말해 봐야겠어요.

with MP3

외국인과의 용감한 대화

Ⓘ I'm not **confident** when I speak English.

Ⓕ Your English is very good. You are doing a great job!

Ⓘ Thank you. However, I really need to study English harder.

Ⓕ You should really be proud that you can speak a **foreign language**.

Ⓘ I'm afraid of **making mistakes**.
So I can't speak English with **confidence**.

Ⓕ It's important to just speak and not worry about **making mistakes**.

Ⓘ That's great advice!
I really need to stop worrying and just speak.

해마다 굳은 결심을 하고 영어 학원이나 온라인 강의에 등록하지만 꾸준히 하기는 어렵죠. 영어 공부의 어려움을 영어로 말해 보세요.

내가 할 수 있는 말!

I registered for an evening English class.

I haven't been able to go very often.

I am too busy at work.

I registered for an online English class.

I really want to get better at English.

My New Year's resolution every year is to study English.

hint
improve 개선하다, 향상시키다   **register** 등록하다, 신고하다   **either** 또한, 역시   **resolution** 결의안, 결심

F 영어 공부를 어떻게 하고 있나요?   **I** 영어 학원 저녁반에 등록했었는데 사실 자주 못 나갔어요. 직장 일이 너무 바쁘거든요.
F 안타깝네요.   **I** 온라인 영어 강좌도 등록했는데 그것도 못 들었어요. 퇴근하면 너무 피곤해서 아무것도 하고 싶지 않아요.
F 회사 다니면서 공부하는 건 쉽지 않죠.   **I** 하지만 영어는 정말 잘하고 싶어요. 새해마다 늘 영어 공부 계획을 세워요.

with MP3

외국인과의 용감한 대화

F What are you doing to **improve** your English?

I I **registered** for an evening English class, but I haven't
been able to go very often. I'm too busy at work.

F That's too bad!

I I also **registered** for an online English class, but that
hasn't been too successful **either.**
I'm so tired after work.
So I don't really want to do anything.

F It's not easy studying while working.

I But I really want to get better at English.
My New Year's **resolution** every year is to study English.

외국인 친구와는 주로 페이스북 주소를 교환하게 될 거예요. 친구 신청을 한다거나
'좋아요'를 누른다는 말을 영어로 말할 수 있도록 연습해 보세요.

with MP3

내가 할 수 있는 말!

I do have a Facebook account.

I don't check my account very often.

I will make sure to check my Facebook account more often.

I will leave a reply and like your statuses.

I will go and upload the picture we took together.

F 페이스북 해요? **I** 계정은 있는데 자주 글을 남기진 않아요. **I** 그럼요. 이제부터 페이스북에 자주 들어가 볼게요.

F 페이스북이 연락하기에는 편한 것 같아요. 친구 신청해도 돼요? **I** 당연하죠. 오늘 같이 찍은 사진을 올려야겠네요.

F 종종 댓글도 달고 좋아요도 눌러 줘야 해요.

F 내 페이스북 친구들이 당신에게 친구 신청을 할지도 몰라요. **I** 언제든지 환영해요.

F Do you have a Facebook account?

I I do have an account, but I don't check very often.

F I think Facebook is really convenient to keep in touch with people. Can I be your friend?

I Sure! I will make sure to check my Facebook account more often.

F Leave a reply sometime and like some of my statuses.

I Of course! I will go and upload the picture we took together!

F My friends might request to be your friend.

I That would be great!

내 영어 실력의 약점을 고백할 때 **비법의 핵심 문장!!**

● 다시 한 번 말씀해 주시겠어요?　　● 천천히 말씀해 주시길 부탁해요.　　● 영어를 유창하게 하고 싶어요.
● 실수를 할까 봐 두려워요.　　● 영어 공부를 좀 더 열심히 해야 해요.　　● 걱정은 그만두고 일단 말해 봐야겠어요.
● 온라인 영어 강좌에 등록했어요.　　● 영어는 정말 잘하고 싶어요.　　● 새해마다 늘 영어 공부 계획을 세워요.
● 페이스북 계정이 있어요.　　● 댓글도 달고 좋아요도 누를게요.　　● 같이 찍은 사진을 올려야겠네요.

- Can you repeat that please?

- Can you speak a little slower please?

- I want to speak English fluently.

- I am afraid of making mistakes.

- I really need to study English harder.

- I really need to stop worrying and just speak.

- I registered for an online English class.

- I really want to get better at English.

- My New Year's resolution every year is to study English.

- I do have a Facebook account.

- I will leave a reply and like your statuses.

- I will upload the picture we took together.